CW01307540

Ramayana (Tal Como Es)

Valmiki Muni

Ramayana (Tal Como Es)

Primera edición en Italiano: 1987

Por Valmiki Muni

Según lo dicho por

Bhaktivedanta Darsana

Índice

Índice 5

Introducción 11
    La inspiración inicial 11
    Notas históricas 12
    Notas geográficas 13
    Notas de carácter filosófico 14
    ¿Qué importancia puede tener el Ramayana en la realidad moderna? 19
    ¿Cómo entender el Ramayana? 20
    Los tesoros de la India 20
    ¿Podemos aprender algo práctico? 21
    El Ramayana: ¿alegoría o hecho histórico? 22
    Para disipar algunas perplejidades 22
    La estructura de esta edición 24
    Importante 28

Bala Kanda 31
    Narada Muni le narra el Ramayana a Valmiki 31
    El nacimiento del estilo sloka 33
    La misión de Valmiki 34
    Los hijos de Rama 36
    Kusha y Lava le narran el Ramayana a su padre ... 36
    Comienza la narración del Ramayana 37
    El deseo de Dasaratha 38

Índice

El sabio Rishyasringa 39
El yajna 40
Las preocupaciones de los Devas 41
El embarazo de las esposas de Dasaratha 42
Los Devas encarnados en la Tierra 43
Los cuatro hijos de Dasaratha 44
La llegada de Visvamitra 45
En Mithila 55
El matrimonio de Sita y Rama 57
Parasurama 58
Los años de felicidad 60

Ayodhya Kanda 63
Dasaratha quiere coronar a Rama 63
Manthara cambia la historia 64
En el exilio 72
La llegada a Citrakuta 75
La maldición de Dasaratha 76
Regreso a Ayodhya de Bharata y Satrughna 78
Bharata invita a Rama a regresar 82

Aranya Kanda 87
Rama mata a Viradha 87
La ermita de Sarabhanga 88
Agastya recompensa a Rama 89
Pancavati y Jatayu 90
Surpanakha 91
La batalla contra los 14,000 Raksasas 94
Akampana cuenta lo que le pasó a Ravana 95
Ravana va adonde Maricha 96
Surpanakha quiere venganza 97

Maricha forzado 98
El ciervo dorado 100
Laksmana deja a Sita sola 103
Ravana secuestra a Sita 104
Jatayu es derrotado por Ravana 106
Sita deja huellas 107
Rama y Laksmana entienden el engaño 107
La muerte de Jatayu 109
Ayomukhi 110
Kabandha dirige a Rama hacia los Vanaras 110

Kiskindha Kanda 113

La primavera sin Sita 113
Los Vanaras 114
Hanuman conoce a Rama 114
El pacto con Sugriva 116
La historia de Vali 116
El chal de Sita y la batalla entre Sugriva y Bali 120
La muerte de Vali 122
Sugriva coronado rey 123
El tiempo tortura a Rama 124
Buscando a Sita 125
El viaje del grupo de Hanuman 127
Sampati ayuda a los Vanaras 128
Hanuman se prepara para dar el salto a Lanka 132

Sundara Kanda 135

El salto de Hanuman 135
El demonio Surasa 136
La Raksasi Simhika 137
Llegada a Lanka 137

Índice

La ciudad de Ravana 138
Buscando a Sita 139
Sita es ubicada en el jardín Asoka 140
Ravana visitando a Sita 141
El sueño de Trijata 142
Hanuman habla con Sita 144
La historia del cuervo 146
Hanuman se deja capturar 148
El encuentro con Ravana 149
Hanuman devasta Lanka 151
El regreso de Hanuman 152
Las buenas noticias 154

Yuddha Kanda 157

Preparativos para la guerra 157
Ravana decidido a luchar 159
Vibhisana abandona a Ravana y se une a Rama 161
El mensajero Shuka 162
Rama obliga a Varuna a dejarlos pasar. 163
La construcción del puente 165
El ejército de Rama llega a Lanka 165
Ravana ve al ejército enemigo 166
El truco del mago 167
Malas señales de advertencia 168
Sugriva desafía a Ravana 169
El comienzo de la guerra 170
El poderoso Indrajit 171
Sita en el campo de batalla 172
Generales importantes de Ravana pierden la vida 173
Kumbhakarna 174
Rama mata a Kumbhakarna 179

Indrajit 182
Indrajit regresa al campo de batalla 183
Hanuman trae montañas a Lanka 184
Indrajit derrotado 187
Rama y Ravana se enfrentan en el campo de batalla . 191
Rama mata a Ravana 192
El funeral 194
Rama ve a Sita 195
La prueba de Sita 197
Los Devas felicitan a Ravana 200
Rama se prepara para regresar a Ayodhya 200
En el trono 202
El reinado de Rama 203

Uttara Kanda 205

La historia de los Raksasas 205
La otra raza de Raksasas 208
El linaje Raksasa de la línea Pulastya 213
Nacimiento y vida de Ravana 214
Aquellos que habían derrotado a Ravana 227
Historia de Hanuman 229
Sita embarazada 232
Críticas a Rama 233
Sita en el exilio 234
La historia de Nimi y Vasistha 237
La llegada de Cyavana 240
El nacimiento de los hijos de Sita 241
Satrughna mata a Lavana y funda Mathura 241
Satrughna escucha el Ramayana 242
Agastya le cuenta una historia a Rama 242
La historia de Dandakaranya 245

Índice

La llegada de los hijos de Valmiki y Sita a Ayodhya 246
Kusha y Lava recitan el Ramayana a su padre 246
La partida de Sita...247
El regreso de Laksmana y Rama a Vaikuntha...........249
Valmiki bendice a los lectores del Ramayana 253

Glosario 255

Kadacha Editions 267

Introducción

La inspiración inicial
    En el año 1981, el día de la conmemoración del aniversario de la victoria de Rama sobre Ravana (rama-vijaya), fui invitado a dar unas conferencias sobre el Ramayana. Sin yo saberlo, esas lecciones fueron grabadas y mecanografiadas. Imagínense el placer cuando, con una sonrisa, me presentaron el lindo paquete, aunque modestamente encuadernado. Ese día sentí despertar un viejo deseo.

    Siempre había soñado con relatar el Ramayana en un libro sencillo, al alcance de todos, seguro, como todavía lo estoy, de que la belleza de la historia fascinaría a cualquiera.

    Escuché el Ramayana - y el Maha-bharata, otro de los poemas de la India más importantes - por primera vez cuando tenía dieciocho años. Me entusiasmó tanto que durante muchos años abrigué el deseo de escribir cuentos extraídos de esa literatura, y no solo del Ramayana o del Maha-bharata, sino también de otros textos ancestrales, como los Puranas. Todos los Itihasas védicos, los libros de cuentos, son tan fascinantes que ningún hombre puede resistir la tentación de leerlos y hasta releerlos.

Introducción

Después de esas primeras circunstancias afortunadas, en mis viajes a Londres, Delhi y Bombay compré varias ediciones del Ramayana y del Maha-bharata y me sumergí en su estudio. He leído estos libros un número considerable de veces. Esto me ha dado un buen dominio de su estructura narrativa y también de los profundos significados filosóficos y espirituales en los que ambos poemas son inmensamente ricos. Admito que he leído el Maha-bharata más veces que el Ramayana, pero soy sincero cuando digo que este último tiene un lugar especial en mi alma amante de las historias.

Notas históricas

Siendo mucho más antiguo que el Maha-bharata, el Ramayana fue escrito hace muchos años por un sabio respetado y reverenciado: Valmiki Muni. Valmiki no era al principio lo que se consideraba un ario, o un hombre respetado por su estatura espiritual. Al contrario, era un hombre de principios morales pobres. Pero, a través de la intercesión de algunos santos que tuvo la suerte de conocer, Valmiki cambió su mentalidad tan profundamente que se convirtió en uno de los sabios más respetados de la época. Poder de los devotos puros, diría el propio poeta.

El Ramayana es una historia muy antigua, quizás la más antigua que el mundo recuerda. ¿Cuántos años? Hay diferentes fechas que varían considerablemente según opiniones de eruditos, pero las estimaciones más confiables remontan el primer manuscrito, el original, a mucho antes de que la historia occidental registrara las primeras civilizaciones. En los tiempos que los eruditos llaman prehistóricos, ya existía en la India la civilización más grande y avanzada.

Valmiki escribió su poema casi en su totalidad simultáneamente con el desarrollo de la propia historia, y luego lo hizo público gracias a sus discípulos, quienes fueron a recitarlo por todas partes, cantando y acompañándose con instrumentos musicales.

Notas geográficas

Ayodhya se encuentra en el estado de Uttara Pradesh en el norte de la India, no lejos del gran centro comercial de Lucknow. Es una ciudad grande y próspera, muy hermosa. En Ayodhya los devotos de Rama son prácticamente el cien por ciento de la población, y todavía hay numerosos lugares que conmemoran el reinado de Rama (ramarajya).

La ermita de Valmiki todavía existe y es un lugar de peregrinación muy popular. No está lejos de la actual Allahabad, al otro lado del Ganges.

Citrakuta es una hermosa colina no lejos de la ermita de Valmiki, algo más al sur.

Dandaka es un bosque gigantesco que una vez se extendió sobre un territorio tan grande que hoy tocaría al menos cuatro estados de la India: Madhya Pradesh, Rajasthan, Gujarat y Maharastra.

Pancavati se encuentra en Maharastra, no lejos de Bombay. En el lugar donde Laksmana hirió a Surpanakha hoy se encuentra la ciudad de Nasik.

Introducción

La ciudad de Kiskindha y el bosque donde se escondía Sugriva se encuentran con toda probabilidad entre las fronteras de los estados de Andhra Pradesh y Karnataka.

El puente que construyeron Rama y los Vanaras todavía se puede ver hoy en Ramesvaram, en el estado de Tamil Nadu.

Y, obviamente, Lanka todavía existe: es la isla que hasta hace poco se llamaba isla de Ceilán y que hoy ha sido rebautizada con su nombre original, Sri Lanka.

Estos son los principales lugares que encontrará en el curso de la lectura. Le recomendamos que se ayude a sí mismo con un buen mapa de la India.

Notas de carácter filosófico

El Ramayana también nos ofrece algunos puntos filosóficos que considero importante abordar, aunque sea brevemente.

El hombre siempre ha sentido la necesidad de relacionarse con un Dios personal. No podía ser de otra manera, ya que el hombre es una persona. Nuestro anhelo siempre ha estado dirigido hacia el descubrimiento de la trascendencia, pero en presencia de esto, a veces nos sentimos consternados, aterrorizados por la ausencia de entidades individuales. Necesitamos un Dios personal. Y de hecho, Él, según los textos Védicos autorizados, es realmente una persona. A veces, entonces, quisiéramos que Él fuera como nosotros, en cierto modo "de carne y hueso".

Ramayana (Tal Como Es)

Rama está muy cerca de este ideal divino. Rama sufre, Rama se ha visto privado de su esposa, Rama es como un hombre. De hecho, más que como una encarnación divina (avatara), se comportó como un superhombre, y así podemos sentirlo cerca y al mismo tiempo mirarlo con respeto y veneración sin poder evitar la influencia de su carácter irreprochable. En el Ramayana hay más énfasis en la humanidad de Rama, en su ser como hombre, que en su divinidad. Los dioses son dioses, y a veces los sentimos distantes, ya que no son partícipes de nuestros dolores y alegrías.

Pero, después de insinuar la humanidad de Rama, vemos su divinidad. En primer lugar, ¿qué significa divinidad? Según los antiguos textos védicos, la divinidad no es solo un concepto: es una persona muy específica. Por eso, cuando surge la necesidad, se encarna, es decir, desciende a esta tierra manteniendo intacta su divinidad. Esto significa que no adquiere un cuerpo hecho de elementos materiales, sino que mantiene su cuerpo espiritual. Un mundo espiritual con variedades precisas, por tanto, con individualidades delimitadas y propósitos salvíficos hacia los que se encuentran en este mundo de "ilusiones".

Entonces, ¿por qué, uno se pregunta, si Rama tenía un cuerpo hecho de elementos espirituales, en ciertos momentos está herido, sangra y siente dolor como cualquier otro hombre? ¿Cómo es que, en su divinidad, cae bajo los engaños de Ravana? ¿Por qué si las relaciones y la naturaleza espiritual en sí son eternas y están llenas de alegría, hay tanto dolor en su historia?

Introducción

Las respuestas a estas preguntas se encuentran en el Bhagavad-gita y en el Srimad-Bhagavatam, los textos Védicos ancestrales que brindan información precisa sobre la naturaleza espiritual y las leyes que la gobiernan.

Las actividades divinas son imponderables en su esencia personal: Dios no es algo que deba ir más allá de nuestra capacidad de comprensión. A menudo podemos entender Su alma mirando la nuestra y haciendo las proporciones correctas. Después de todo, ¿no estamos hechos a su imagen y semejanza? Dios persona significa gustos, placeres y hasta dolores; pero no como los nuestros, materiales, sino espirituales, que se pueden parecer a los nuestros pero no lo son. Su calidad varía infinitamente.

Espíritu y materia, por tanto: dos energías distintas que proceden de la misma fuente: una y diferente. Según los Vedas, lo que Dios hace nunca es material, sino siempre espiritual.

En el pasado, en los círculos de académicos e intelectuales indios, uno de los puntos filosóficos más debatidos era el principio espiritual que nunca podía entrar en contacto con el principio opuesto, el material. Sita era la encarnación de Lakshmi, la diosa de la fortuna, la compañera de Vishnu, un principio espiritual absoluto e indiscutible, mientras Ravana fue, sin duda, uno de los peores materialistas de la historia. Por lo tanto, la pregunta se planteó así: según los preceptos védicos, un materialista nunca puede entrar en contacto con una realidad espiritual, ¿qué pasa con secuestrarla, es decir, poseerla, anularla, aunque sea por un período de tiempo relativamente corto? La materia nunca puede abrumar al espíritu. Solo puede sentirse atraída por lo que representa el espíritu. En el caso de Ravana, él era el amo indiscutible de todo lo que le rodeaba, faltándole solo una cosa: la divinidad, es decir, ser Dios mismo.

Lakshmi era la eterna compañera de Vishnu, el Señor Supremo. No debería sorprendernos que Ravana se sintiera atraído por el principio que personificaba Sita: poseer a Sita significaba que Ravana se convertiría en Dios. Habiendo dicho eso, la pregunta sigue siendo: ¿cómo pudo Ravana llegar siquiera a tocar a Sita? Este punto ha sido debatido durante siglos. Finalmente, llegó la respuesta. Quien la encontró, en las páginas amarillentas de un antiguo Purana (el Kurma Purana), fue el famoso santo y místico Chaitanya Mahaprabhu, considerado una de las encarnaciones divinas más atractivas. La respuesta fue simple: Ravana no secuestró a Sita. Un materialista no puede tocar un principio espiritual, sino sólo una sombra de él, una apariencia. En el momento en que Ravana agarró a Sita, ella se transformó en Durga, la terrible diosa creadora del universo material que tiene la tarea de engañar y luego destruir a todo materialista. Ravana, en su euforia, no podía imaginar a quién cargaba en sus brazos: lo que parecía solo una mujer hermosa sería la causa de su destrucción. Luego, cuando Sita entró al fuego y salió ilesa en compañía de Agni, recuperó su identidad original. Por lo tanto, Sita nunca permaneció en la casa de Ravana; su pureza está más allá de toda discusión.

Introducción

¿Qué significa estar dedicado a Rama, a Vishnu o a su origen primigenio, Krishna? Significa amarlo, significa servirlo, significa darle todo lo que tienes, por poco que sea. En el propio Ramayana hay una historia muy bonita que ha sido omitido en la edición anterior de este texto. Lo traeré de vuelta ahora.

Mientras los poderosos Vanaras levantaban enormes rocas, picos de montañas, árboles gigantes y cualquier otra cosa que pudiera agregar volumen a la construcción del puente, una araña quería participar empujando granos de arena en el agua con sus patas. Hanuman la vio y se rió de ella diciéndole:

"Muévete, ¿no ves que estamos trabajando? ¿Qué quieres que hagamos con tus granos de arena?"

Rama no estaba lejos y lo escuchó.

"No, Hanuman," lo regañó, "no digas estas cosas. Para mí hay no hay diferencia entre el servicio que me está prestando y lo que ella me está ofreciendo. Cuando el servicio se hace con amor es absoluto. Lo que importa es la devoción, no la cantidad. Esta araña quiere servirme haciendo lo que está en sus capacidades y tú me estás sirviendo en lo que está en las tuyas. Entonces, ¿cuál es la diferencia entre tu servicio y el de y ella?"

Hanuman entendió y se entristeció de haberle hablado de esa manera a la araña.

Para Rama, o Krishna, bhakti (devoción) significa servirle con amor en todo lo que seamos capaces. Las cualidades de la acción son las que importan; la cantidad es secundaria. Es entonces entre Él y tú.

Para concluir, también diremos algo sobre Ravana y Kumbhakarna.

Según el Srimad-Bhagavatam, Cuarto Canto, los dos guardianes de los planetas espirituales Vaikuntha llamados Jaya y Vijaya cometieron una ofensa contra los cuatro sabios hijos de Brahma. Los Kumaras los maldijeron para que cayeran en este mundo material y renacieran tres veces como grandes demonios: la primera vez renacieron como Hiranyakasipu e Hiranyaksha, la segunda como Ravana y Kumbhakarna y la tercera como Sishupala y Dantavakra.

¿Qué importancia puede tener el Ramayana en la realidad moderna?

A pesar de su antigüedad, el Ramayana no está obsoleto. Estos poemas ejercen una gran fascinación y poseen una frescura siempre nueva, tanto que trascienden las limitaciones impuestas por el tiempo, el espacio, y las diferencias culturales, religiosas y sociales. El Ramayana se lee en la India al igual que nuestra Biblia en Occidente. ¿Quién no conoce la Biblia? Quizás no todo el mundo la haya leído, pero no creo que encuentre a alguien que nunca haya oído hablar de ella.

Todos en la India conocen el Ramayana y todos aman a Rama, a Sita, a Hanuman y a Laksmana. En contraste, allí todo el mundo detesta a Ravana, a Indrajit e incluso a Manthara, que es el símbolo de la envidia y la perfidia. Por lo tanto, ya era hora de que el Ramayana también se presentara en español.

Introducción

¿Cómo entender el Ramayana?

Para comprender estos poemas es necesario, ante todo, tener al menos un mínimo de conocimiento sobre la filosofía védica, del concepto de la persona Dios, de Sus energías, de Su advenimiento a este mundo en diferentes encarnaciones y que se respeten Sus características, las cuales son distintas unas de otras.

De hecho, es muy cierto que el Ramayana de Valmiki es más que una epopeya. Rama, en la India, siempre ha gozado de una popularidad sin precedentes; millones de personas lo han adorado como un dios durante milenios. Hay miles de templos en honor a Rama. Solo en Ayodhya hay 7,600, y no solo para respetarlo por lo que históricamente fue, sino sobre todo para adorarlo como Dios. De hecho, Rama, de acuerdo no solo con el Ramayana en sí, sino también con muchas otras obras védicas, se considera una encarnación divina. Por tanto, los hindúes lo adoran como tal. Rama, a lo largo de la historia, ha sido la personificación de todo lo que se puede esperar de un hijo, de un hermano, de un esposo, de un aliado, de un líder y de un rey. Rama era todo esto de la manera más ideal y perfecta.

Los tesoros de la India

¿Qué nos esconde la India? ¿Cuántas personas viajan de ida y vuelta a ese país soleado y caluroso cada año? ¿Por qué tantos poetas, escritores, músicos, pintores, artistas en general se han dirigido a la India en busca de una renovación interior? ¿India esconde algo? No, no hay ningún misterio. Hay, y ha existido siempre, un tesoro incalculable de tradición y cultura, un horizonte tan vasto que nosotros, incluso con una mirada tímida, no podemos evitar quedar encantados y admirados.

¿Cómo debemos medir y juzgar a la India? Ciertamente no por lo que vemos con demasiada frecuencia en la televisión, ni por lo que los medios de comunicación nos muestran y nos hacen creer. La India no es aquel lugar de aldeas llenas de chozas y de masas hambrientas y empobrecidas: ese es sólo un aspecto secundario, aunque sea real. La verdadera India, la más grande, la que atrae a millones de personas esperanzadas es la de los poetas que escribieron los Vedas, la de los intelectuales creadores de los Upanishads, la de los fundadores de la filosofía del Vedanta y Sankhya, y la de los autores de los libros de derecho más antiguos de la humanidad. Esta es la India real, la que deberíamos explorar.

¿Podemos aprender algo práctico?

Rama era una persona ideal. ¿Cómo no aprender algo de él? Podemos aprender a amar a todos, pero también a defender enérgicamente aquellos principios que elevan el alma humana. Incluso hoy, los mejores principios espirituales están constantemente en peligro. Ciertamente, no hay un demonio como Ravana, pero la sociedad se ha organizado en un trabajo más capilar, diabólico en su dinámica. No hay Ravana, pero tampoco Rama. En esta sociedad no existe un guía espiritual que señale el camino de la virtud. Depende de nosotros buscar y encontrar.

Introducción

El Ramayana: ¿alegoría o hecho histórico?

No son pocos los que intentan describir el Ramayana como una obra alegórica, deprivándolo así de su valor histórico. Muchos dicen que el Ramayana es en realidad una descripción poética del progreso de la cultura aria en su establecimiento en el subcontinente indio. Ésta y otras son teorías sugerentes, pero al mismo tiempo son una negación de la realidad histórica, filosófica y teológica.

El Ramayana nos cuenta una historia que realmente sucedió: Rama, Sita, Hanuman, Ravana y todos los demás personajes que componen el vasto horizonte del poema realmente existieron. Su base histórica y su antigüedad están más que probadas. Un simple viaje a Ayodhya, todo el camino que hizo Rama hasta el sugerente Ramesvaram, sería suficiente para disipar cualquier duda. El Ramayana, sus personajes y los hechos narrados son una realidad histórica.

Para disipar algunas perplejidades

Soy perfectamente consciente de que, cuando afirmo la historicidad del Ramayana, suscito no pocas perplejidades en la mente de los lectores. Hay, en la narrativa, numerosas ideas que nos llevan a pensar en mitologías fascinantes y nada más. Sin embargo, el Ramayana sigue siendo un hecho histórico.

No es de extrañar las narraciones sobre los maravillosos poderes ocultos demostrados por ciertos sabios. Incluso hoy, en la India muchos ascetas realizan actos ante los cuales nuestra ciencia baja la cabeza, asombrada e incapaz de dar explicaciones racionales.

Tampoco deberían sorprendernos las descripciones del poder de ciertas armas que hoy desconocemos. Hasta hace unas décadas, la bomba atómica aún no se había fabricado, pero la energía atómica ya existía.

El Ramayana fue un momento histórico en una cultura completamente diferente a la nuestra. Las habilidades del hombre se cultivaron cuidadosamente para desarrollar poderes que nos parecen imposibles. Fue en Treta-vuga, en una era de gran progreso humano. No nos dejemos sorprender por lo maravilloso. Todo lo que hoy nos parece improbable podría convertirse mañana en una realidad irrefutable.

¿Y las habilidades guerreras de algunos, como se describen en el Ramayana? ¿Son exageraciones nacidas de la mente fértil de los poetas de aquellos tiempos, o hay algo de verdad en todo esto? Muchos elementos nos hacen sospechar fuertemente que esas descripciones correspondían a la verdad. ¿Cuántos de nosotros hemos quedado atónitos por las habilidades de lucha de aquellos que cultivan ciertas artes marciales orientales?

¿Y quiénes eran los Raksasas realmente? El Ramayana declara que esta era una raza de personas muy superior a los hombres en fuerza y habilidad. Entonces, era una raza sobrehumana. Algunos estudiosos sostienen que se trataba de pueblos no arios, de tribus primitivas que con el tiempo fueron derrotados por antiguos guerreros indios. Argumentan que eran salvajes. Pero la civilización, la belleza artística y arquitectónica, así como la prosperidad que encontramos en Lanka pueden o

Introducción

bien ser comparadas con las que encontramos en Ayodhya, o bien de alguna manera incluso superarla. Ravana adoró a los dioses arios Shiva y Brahma y siguió los mismos ritos que los llamados pueblos civilizados. En el Ramayana hay, incluso un detalle de Ravana inclinándose y mostrando respeto a la vaca Surabhi. Entonces los Raksasa no eran bárbaros. ¿Y si eran exactamente lo que dice el poeta?

¿Quiénes eran los Vanaras? Los mismos eruditos afirman que eran aborígenes del Deccan. Otros incluso dicen que son el eslabón perdido en la cadena darwiniana.

Que no eran solo simios es bastante obvio. Tenían sus reinos, sus rituales devocionales y sus reglas morales. Eran pueblos muy civilizados.

Sugerimos encontrar las respuestas a estas y otras preguntas que surgirán durante la lectura en el propio Ramayana. No es una fábula, ni una alegoría, ni un cuento mitológico. Es un libro histórico que narra una hermosa aventura que realmente sucedió.

La estructura de esta edición

Hacer la traducción literal y la versión en prosa completas de poemas épicos antiguos siempre es un trabajo duro. No queríamos hacer ni lo uno ni lo otro. Esto no quiere decir que no sea importante hacerlo, al contrario, lo sentimos como un deber específico. Pero esta edición del Ramayana nació con el objetivo de presentarlo de forma breve, sencilla y concisa. Solo queríamos contarles la historia, presentarles estos fabulosos personajes y la aventura de la que fueron protagonistas. Esperamos que este trabajo sea de su agrado.

Pedimos disculpas a los estudiosos de la historia o del idioma sánscrito que encontrarán los nombres de los personajes o la terminología general adaptados o simplificados, pero incluso para esto se aplica el principio anterior.

También pedimos disculpas por haber tenido que bajar nuestras tijeras profanadoras cortando buena parte del vasto poema, pero no nos fue posible presentárselo en su versión completa. Al mismo tiempo podemos asegurarles que la historia central fue escrita fielmente sin adiciones ni manipulaciones. La historia es la misma que contó Valmiki.

Hemos tratado de ofrecerle el Ramayana en una versión suave, fácil y sin compromiso, para que este primer acercamiento a las maravillosas historias de la India se lleve a cabo de una manera agradable.

Como el original, el Ramayana que les presentamos está dividido en siete capítulos. En el índice hemos incluido los subtítulos de cada sección para guiarlos a través de las complejidades de la historia. Esperamos que los encuentre útiles.

Introducción

Los siete capítulos (o kandas) son los siguientes:
1 - Bala Kanda
2 - Ayodhya Kanda
3 - Aranya Kanda
4 - Kiskindha Kanda
5 - Sundara Kanda
6 - Yuddha Kanda
7 - Uttara Kanda

Bala Kanda (el primer capítulo)
Habla de la concepción del poema por su autor; luego nos guía a través de todas las vicisitudes que llevaron a Rama a conocer a Sita, hasta su matrimonio.

Ayodhya Kanda (el segundo capítulo)
Trata sobre el complot de Manthara y Kaikeyi, el exilio de Rama, la muerte de su padre y el intento del hermano de Rama de traerlo de regreso a la ciudad.

Aranya Kanda (el tercer capítulo)
Trata de la vida de Rama, Laksmana y Sita en el bosque, la primera fricción con el Raksasa, el drama del secuestro de Sita y la búsqueda desesperada de Rama.

Kiskindha Kanda (el cuarto capítulo)
Trata sobre el encuentro con los Vanaras, el asesinato de Vali y la expedición de Vanaras en busca de Sita. Encuentran sus huellas: está en una isla, en Lanka.

Ramayana (Tal Como Es)

Sundara Kanda (el quinto capítulo)
Trata sobre el salto sobrehumano de Hanuman y el hallazgo de Sita. Hanuman regresa victorioso y trae las buenas nuevas a Rama.

Yuddha Kanda (el sexto capítulo)
Trata sobre la sangrienta guerra en la que Rama sale victorioso. Regresa a Ayodhya, donde es coronado rey.

Uttara Kanda (el séptimo capítulo)
Trata sobre la dinastía Raksasa y las hazañas de Ravana. Luego cuenta algunos episodios de la vida de Hanuman. El exilio definitivo de Sita y el nacimiento de sus hijos en la ermita de Valmiki, autor del poema son los momentos más emotivos de toda la obra. Durante la narración de la historia, Rama le pide a Valmiki que traiga de vuelta a Sita quien, para dar la prueba definitiva de su pureza, regresa definitivamente a la Madre Tierra.

El capítulo y el poema terminan con el regreso de Rama y sus hermanos a sus dimensiones espirituales originales.

Introducción

Importante

En el Ramayana hay muchos nombres y términos sánscritos que, al no ser parte de nuestro idioma, a veces son difíciles de recordar. Así que cuidado: al final del libro hay un glosario totalmente dedicado a los personajes y términos a los que no estamos acostumbrados.

Consúltelo, y feliz lectura.

Florencia, 1 de junio de 1987
Manonatha Dasa (ACBSP)

Libreria: www.isvara.org/bookstore

Dedicatoria

Dedico este libro a quien me dio a conocer
estos maravillosos poemas,
el tesoro invaluable de los Vedas,

mi maestro espiritual
Bhaktivedanta Swami Srila Prabhupada.

Introducción

Bala Kanda

Narada Muni le narra el Ramayana a Valmiki

Una vez, mucho tiempo atrás, cuando se estudiaban los libros sagrados llamados Vedas, aquellos que deseaban la realización espiritual se retiraban a los lugares sagrados de los cuales la India todavía es rica hoy. La vida de las personas se dividía en varias etapas y la culminación era la renuncia a todo apego a las cosas materiales antes de que el tiempo ineludible ejerciera su fuerza llevándoselo todo con la muerte. El sabio Valmiki, autor de la obra que es el tema de nuestra historia, fue una de esas personas. Después del período en el que la ignorancia había oscurecido su corazón, se retiró a una ermita en el bosque para estudiar y meditar. Valmiki se convirtió en un sabio muy famoso y respetado. Gracias a su ascetismo había desarrollado notables poderes místicos.

Un día recibió la visita de Narada Muni, su maestro espiritual. Después de ofrecerle el respeto debido a un guru, los dos sabios se sentaron a la sombra de un gran árbol banyano, no lejos de la ermita de Valmiki. Allí comenzaron la conversación.

"Tengo mucha suerte de haberte conocido," dijo Valmiki. "Gracias a ti fui iniciado en el canto de los sagrados mantras védicos a través de los cuales he logrado un gran progreso espiritual. Además, he estudiado todas las Escrituras y me has enseñado los puntos esenciales. Hoy tengo una curiosidad y te ruego que la satisfagas."

Narada sonrió. Es una suerte para un maestro tener discípulos que sepan cómo hacer las preguntas correctas; esta fue una oportunidad para él recitar historias sagradas que podrían purificar el corazón. Sabía que Valmiki era un buen discípulo.

"En este mundo," continuó, "hay muchos reyes santos e incluso grandes sabios que han controlado completamente sus pasiones. Pero me gustaría saber: ¿quién es el más grande entre ellos? ¿Quién es el más famoso, el más noble, el más veraz y el más firme en sus votos? ¿Quién es la personalidad más grande de este tiempo?"

Narada no tuvo que pensarlo mucho; parecía no tener dudas. Era evidente que ya estaba pensando en alguien en particular y volvió a sonreír, agradeciendo a su discípulo por darle la oportunidad de hablar de ello. Parecía particularmente feliz.

"En la dinastía Ikshvaku," respondió Narada, "nació Rama, un hombre tan noble y virtuoso como este mundo nunca había vis. Sus cualidades no tienen límites y es una gran alegría para mí y para cualquier otra persona contar sus hazañas. Si quieres puedo contarte su sagrada historia."

Valmiki asintió felizmente, y el día vio a los dos sabios sentados a la refrescante sombra del árbol gigante hablando sobre la sagrada historia del rey Rama. La atmósfera alrededor era maravillosamente serena y dulce, y mientras Narada se preparaba para contar la historia de Rama, los discípulos de Valmiki vinieron y se sentaron alrededor, atraídos por esas palabras y por cómo estaba sucediendo la recitación. Fue muy grato. Nunca antes se había contado una historia tan hermosa. Todos sintieron una gran admiración por ese rey y por la abnegación con que gobernaba su reino, admiración por sus principios morales, por el amor que sentía por el prójimo hasta el punto de renunciar a todo lo que más le gustaba y admiración por sus cualidades espirituales.

Valmiki nunca logró olvidarla.

El nacimiento del estilo sloka

Un día, acompañado por su discípulo Bharadvaja, el Rishi Valmiki fue a las orillas del río Tamasa, no lejos del Ganges. El agua era cristalina y una suave brisa refrescaba el aire. El ambiente era encantador. Entonces decidió detenerse allí para sus abluciones diarias. Mientras se preparaba, admiró el verde bosque detrás de ellos, lo que hacía que el paisaje fuera idílico. ¡Cuánta paz! ¡Y cuánta belleza!

"¿Qué artista habrá sido el creador de todas estas cosas?" Pensó.

En la rama del árbol había un par de pájaros retozando. El sabio los miró, meditando serenamente. De repente la tragedia inesperada: una flecha disparada por un cazador oculto atravesó al macho, que cayó muerto. Su compañera parecía enloquecida por el dolor, tanto que ni siquiera podía escapar y corría el riesgo de ser asesinada también. Valmiki observó la dramática escena y sintió un profundo dolor por los pájaros, tan violentamente arrebatados de su felicidad. Entonces sintió que la ira brotaba de su corazón, incontrolable, y decidió maldecir al cazador. En voz alta, para ser escuchado, el sabio dijo:

"Golpea a dos pájaros mientras se aparean, y por esta innoble hazaña nunca obtendrás fama."

El cazador huyó asustado, temiendo otras maldiciones. Mientras lo veía huir, Valmiki se detuvo pensativo. Algo se le había ocurrido. La maldición, ¿cómo la había pronunciado? ¿Cómo había expresado su dolor? Involuntariamente había expresado su enfado en verso perfecto, en una expresión simétrica y rítmica que también podía recitarse en música. En los días que siguieron, pensó durante mucho tiempo:

"Esta expresión que he creado sin darme cuenta es maravillosa. Parece hecho para recitar poemas incluso en música. Difundiré su uso por todo el mundo. Y como ella nació de mi shoka (dolor), sus versos se llamarán shloka".

Desde entonces, los principales textos sagrados se han escrito en shlokas.

La misión de Valmiki

Un día, después de haber terminado sus ritos religiosos y sus abluciones, el sabio regresó a la ermita. Y allí, radiante con la luz de mil soles, se le apareció Brahma, el primer ser nacido, el que diseñó y construyó el universo en el que vivimos. Asombrado por esa repentina visión, Valmiki se postró en el suelo, ofreciéndole respetuosas reverencias. Con voz profunda, el gran Brahma le dirigió estas palabras:

"Oh, Muni, esa maldición y la forma en que la pronunciaste no fue un accidente. Sucedió por mi voluntad. Tienes una misión en este mundo y no debes demorarte más. Debes componer el poema de la vida del rey Rama como lo escuchaste de mi hijo Narada".

Al oír esas palabras, Valmiki sintió su corazón invadido por una gran alegría, y no solo por el hecho de tener a Brahma, el hijo directo de Vishnu, sino también por esa petición que confirmó el deseo que ya sentía en su interior. Brahma no había hecho más que ordenarle expresamente que hiciera lo que sentía que era un deber y también una necesidad interior precisa. Pero tenía dudas. ¿Podría hacerlo? Brahma, comprendiendo sus perplejidades, lo tranquilizó diciéndole:

"No te preocupes. No dudes de tus habilidades. Cuenta lo que sabes, y todo lo que aún te queda por saber te será revelado en meditación. Con la compilación de este poema ganarás fama eterna. Puedes estar seguro de que esta historia será recitada y escuchada mientras existan los mares y las montañas. Vivirás feliz por mucho tiempo en esta tierra, continuó Brahma, y entonces disfrutarás de las alegrías de los planetas celestiales."

Después de decir esto, Brahma desapareció y Valmiki se convenció de que esa era su misión.

Bala Kanda

Los hijos de Rama

Narada solo le había contado un resumen de la historia y Valmiki sintió la necesidad de conocer todos los detalles. Así que se sentó en la posición de yoga y se sumergió en una profunda meditación. Como por un milagro, vio cómo toda la historia se desarrollaba frente a él, verdadera y vívida como si la estuviera presenciando en persona. Comenzó a escribirla, y así compuso el Ramayana.

Para cuando Rama regresó al trono de Ayodhya, Valmiki ya había completado la escritura del poema, que constaba de 24.000 shlokas. Después de terminarlo, pensó en cómo comunicarlo al mundo entero.

Un día, los dos príncipes Kusha y Lava que vivían en el bosque vinieron a visitarlo. No eran otros que los dos hijos de Rama nacidos después del exilio de Sita. Valmiki luego les enseñó el Ramayana, pidiéndoles que luego fueran a cantarlo por las ciudades del mundo. Los dos muchachos estuvieron felices de satisfacer el deseo del gran sabio. La fama de los jóvenes y la historia que cantaron se extendió rápidamente por todas partes.

Kusha y Lava le narran el Ramayana a su padre

En sus vagabundeos, un día Kusha y Lava llegaron a Ayodhya y comenzaron a cantar el Ramayana en las calles de la fabulosa ciudad. Tan pronto como el rey Rama se enteró de que los dos cantantes habían llegado a su capital, quiso verlos, sin saber que eran sus propios hijos. Los convocó a la arena donde estaba realizando un gran sacrificio y cuando los dos jóvenes entraron, admiró su gracia y nobleza de porte.

"Su fama y la historia que cuentan," les dijo Rama, "han llegado a mi conocimiento. Todo el mundo habla de ello con gran entusiasmo. Me han dicho que el compositor es el venerable Valmiki Muni, uno de los eruditos más grandes y honrados que existen. ¿Pueden entender mi curiosidad? Por favor, recítenlo aquí frente a mí; canten la historia de la que yo mismo fui protagonista."

Y así, Kusha y Lava comenzaron a cantar el gran poema, el Ramayana.

Comienza la narración del Ramayana

A orillas del Sarayu se encontraba la ciudad de Ayodhya, capital del reino de Koshala. La opulencia de este reino era indescriptible, especialmente en su capital.

Ayodhya medía 12 yojanas de largo (unos 153 kilómetros) y tres de ancho (unos 38 kilómetros) y era la ciudad más hermosa que jamás haya existido. Con toda esa opulencia, los ciudadanos estaban completamente satisfechos y felices.

El rey se llamaba Dasaratha. Era un raja piadoso y virtuoso, poseedor de todas las cualidades de los reyes más grandes de la tradición védica y tan valiente en el combate que nunca conoció la derrota. Dasaratha fue asistido por dos famosos brahmanas llamados Vasistha y Vamadeva. Los brahmanas en ese tiempo eran los guías espirituales, pero no solo proporcionaban educación espiritual, sino también cualquier otro tipo de educación necesaria para la vida terrenal. Los brahmanas eran los sabios, los intelectuales y los sacerdotes y eran muy respetados por todos los reyes de la época.

Dasaratha tenía muchos otros consejeros, todos famosos y respetados por su integridad, como Suyajna, Javali, Kasyapa Muni, Gautama, Markandeya y Katyayana. También, tenía ocho ministros, de los cuales el más conocido era Sumantra.

El deseo de Dasaratha

Sin embargo, a pesar de tener todas las opulencias que un hombre y un rey podían desear, Dasaratha no estaba feliz. La razón: no podía tener hijos. Tenía tres esposas, Kausalya, Sumitra y Kaikeyi, tres mujeres de noble cuna y de corazón virtuoso, pero quienes sin razón aparente no pudieron darle hijos. Un día, el rey llamó a sus consejeros y les dijo:

"Queridos, ustedes conocen el problema que me preocupa desde hace mucho tiempo. Es como una espina en el costado que no me da paz ni a mí ni a mis esposas. No he podido entender por qué no puedo tener hijos. El tiempo se acaba y no quisiera acercarme demasiado a la vejez antes de haber cosechado los frutos de la vida. Me gustaría saber a través de ustedes si los Vedas prevén sacrificios para propiciar a los Devas. ¿Es posible hacer algo para solucionar este problema? Todos ustedes son eruditos y han estudiado las Escrituras en todos sus detalles. Estoy seguro de que si algo se pudiera hacer, ustedes deben saberlo."

"Buen rey," dijo Vasistha siendo portavoz de todos los demás, "ciertamente hay un sacrificio que puede propiciar a los Devas, y estoy seguro de que ellos complacerán tu deseo. Este sacrificio es el Asvamedha. Sabemos que si lo haces, pronto tendrás un hijo que coincidirá exactamente con tus mejores deseos."

Lo discutieron durante mucho tiempo. Finalmente, todos estuvieron de acuerdo en la necesidad de celebrar el Asvamedha-yajña.

Al día siguiente, Sumantra, dirigiéndose al rey mientras discutían la preparación del sacrificio, quiso contar una historia.

El sabio Rishyasringa

"Me gustaría contarte la vieja historia de cómo Sanat-Kumara predijo que un gran rey aparecería en tu dinastía y que él sería tu hijo. Sanat-Kumara predijo:

"Kasyapa tendrá un hijo, Vibhandaka, que a su vez tendrá un hijo que se llamará Risyasringa. El joven será una joya de ermitaño, con las mejores cualidades de un renunciante, y observará con precisión y devoción todos los votos más severos de la vida de un brahmacari. Habrá un rey llamado Lomapada que cometerá atrocidades, y debido a esto su reino será golpeado por una terrible sequía. Sus súbditos sufrirán muchas dificultades. La calamidad, se le dirá, solo cesaría si el joven sabio Risyasringa viniera a visitar su reino. Así que el rey se verá obligado a enviar a la ermita mujeres hermosas, expertas en el arte de la seducción, para convencerlo de que las acompañe y que las siga hasta las tierras de Lomapada."

"Por lo general", continuó diciendo, "a los sabios no les gusta visitar ciudades abarrotadas y ruidosas, por lo que Lomapada no verá otra solución que atraerlo con engaños. Cuando Vibhandaka no esté presente, las chicas seducirán al asceta desprevenido. Así, Risyasringa llegará al reino de Lomapada y la sequía terminará. Y para apaciguar la ira de su padre, Lomapada le dará a su hija Shanta en matrimonio a Risyasringa. Un rey piadoso llamado Dasaratha nacerá en el linaje de Ikshvaku, quien será un gran amigo de Lomapada. Le costará tener hijos, pero si hace que ese mismo Risyasringa realice el sacrificio de Asvamedha, verá cumplido su deseo."

"Así que llama a ese santo respetable," concluyó Sumatra, "y ten por seguro que gracias a su pureza, ciertamente conseguirás el objeto de tu deseo."

Dasaratha se sintió feliz de escuchar que incluso antes de su nacimiento, Sanat-Kumara había hablado de él y estaba convencido de que ese era el camino a seguir.

Los expertos iniciaron los preparativos y se enviaron mensajeros rápidos para invitar a las grandes personalidades de la época. El rey no escatimó en gastos, la opulencia que se vio en ese sacrificio fue indescriptible.

El yajna

El sacrificio empezó. Dasaratha y sus reinas estaban en el borde de la arena. Se sentían ansiosos y preocupados por el eventual éxito, aunque la confianza en el famoso asceta que dirigía el yajña era total. A la señal de Risyasringa, Dasaratha y las reinas se sentaron frente al fuego y el rey dijo en voz alta:

"Este sacrificio se celebra con la intención precisa de mi parte de tener hijos, ya que un destino misterioso me condenaba a no tenerlos. Mi dinastía no se puede interrumpir, por lo que es necesario que tenga un sucesor."

"Oh, rey virtuoso," respondió Risyasringa, "tu deseo será concedido."

Las preocupaciones de los Devas

En los planetas celestiales, esos mundos donde la vida está desprovista de los problemas de los que está lleno el nuestro, había mucha preocupación en ese momento. Problemas serios acechaban su larga y afortunada existencia. Coincidiendo con la realización del sacrificio de Dasaratha, Brahma recibió la visita de los principales Devas. Parecían preocupados, casi ansiosos. Era evidente que un grave problema los acosaba y que venían a pedir ayuda a su padre. Uno de los Devas explicó:

"Los abusos que el terrible Raksasa Ravana está infligiendo a toda la humanidad ya no tienen límites. Reinos destruidos, ciudades arrasadas, vacas y sabios asesinados, mujeres secuestradas y violadas y mucho más. No podemos hacer nada contra el poder de ese ser maligno a quien hiciste invencible. Por favor, intervengan y restauren la paz y la serenidad."

"Saben tan bien como yo," respondió Brahma, "que bendije a Ravana para que fuera prácticamente invulnerable, verdaderamente invencible. Nadie puede matarlo. Se trata, por tanto, de un problema grave sobre el que ya he reflexionado durante mucho tiempo, pero aún no he podido encontrar una solución. Solo un ser humano podría matarlo, pero no existe un hombre tan poderoso para poder hacerlo. Ninguno de los Devas puede hacer nada contra él, pero hay que encontrar una solución. La emergencia es de suma gravedad. He decidido decidido volverme hacia Vishnu, el Señor Supremo. Estoy seguro de él que nos ayudará a acabar con esta pesadilla."

Brahma se encerró en una profunda meditación: tenía un aspecto tan solemne e imperturbable que parecía que nada podía sacudirlo. Poco después, apareció Vishnu.

"Sé cuánto acoso estás sufriendo por parte del malvado Raksasa. Solo para poner fin a sus fechorías, yo, dividido en cuatro personalidades, apareceré como hijo de Dasaratha. De esta forma acabaré con la miserable carrera de Ravana."

Tan pronto como Vishnu terminó de hablar, una figura celestial emergió del fuego del sacrificio que ardía en Ayodhya y se dirigió al rey con las siguientes palabras:

El embarazo de las esposas de Dasaratha

"Dasaratha, fui enviado por los Devas para satisfacer tu gran deseo y necesidad. El propio Brahma me ha encargado que te dé este jugo divino llamado payasa. Escúchame: haz que tus esposas beban y concebirán encarnaciones de Vishnu."

Dasaratha se levantó y tomó el recipiente de manos del enviado de los Devas, quien desapareció de inmediato. Se lo entregó a su primera esposa, Kausalya, y le pidió que bebiera la mitad. Luego se lo dio a su segunda esposa, Sumitra y le pidió que bebiera la mitad del resto. Lo que quedaba se lo entregó a su tercera esposa, pidiéndole que hiciera lo mismo, es decir, que se bebiera la mitad de lo que quedaba. Y con la última mitad hizo que Sumitra bebiera de nuevo. Este fue el criterio por el cual Dasaratha distribuyó el jugo divino que le entregó el mensajero celestial.

Las señales de embarazo fueron instantáneamente visibles en las reinas: Narayana y Vishnu, ya habían entrado en sus cuerpos.

Los Devas encarnados en la Tierra

Al ver todo esto desde las alturas de los planetas celestiales, Brahma reunió a todos los Devas y les dijo:

"Vishnu quiere ayudarnos. Para ello ya ha descendido a la Tierra, y deben apoyarlo en su misión. Desciendan al mundo de los hombres y encarnen allá en diferentes formas. Desde el vientre de las Apsaras, produzcan una raza de Vanaras que sean tan rápidos como el viento e invencibles en la guerra, y que sean extremadamente fuertes e inteligentes. Háganlo, por lo tanto, sin demora, por el bien de la población del universo."

Brahma dio el ejemplo siendo el primero y fue el padre de Jambavan, el rey de los osos, nacido de un bostezo. Indra produjo a Vali, que era alto como una montaña; Vivasvan procreó a Sugriva; Brihaspati el inteligente Taraka; y Kuvera engendró a Gandhamadana. De Visvakarma nació Nala; y de Agni, Nila; de los dos Asvini Kumara, nacieron Mahinda y Dvivida; de Varuna, Sushena; y de Paijanya, Sarava. Vayu, el Deva del viento, engendró al gran devoto Hanuman. Todos los grandes Devas y sabios celestiales procrearon poderosos monos y osos, con cuerpos tan duros como diamantes y muy valientes en la guerra. Rápidamente, comenzaron a descender a la Tierra.

Cuando terminó el sacrificio de Asvamedha, todos se prepararon para regresar a sus respectivos pueblos y ciudades. Risyasringa también dejó Ayodhya, colmado de honores y riquezas.

Los cuatro hijos de Dasaratha

Los niños nacieron. Kausalya fue la primera en dar a luz y su hijo se llamó Rama. Luego dio a luz Kaikeyi y su hijo se llamó Bharata. Finalmente Sumitra dio a luz a dos gemelos, a quienes se les dieron los nombres de Laksmana y Satrughna.

Los niños crecieron día a día, llenos de todas las buenas cualidades. Eran guapos, fuertes, hábiles, valientes, amables, virtuosos y devotos de los principios de la religión. Todas estas cualidades estaban presentes en los hijos de Dasaratha, quienes no supieron ocultar su alegría y su amor por los niños. En particular, Rama era el más amado, y no solo por su padre, sino también por cualquiera que lo conociera. Desde pequeño, Laksmana sintió un amor espontáneo hacia su hermano mayor y los dos no se separaron ni por un momento. Satrughna, por otro lado, desarrolló un sentimiento particular por Bharata. Pero no hubo envidia ni competencia entre ellos: los cuatro se amaban con un profundo amor fraternal.

Cuando los niños estaban en edad de casarse, el rey comenzó a considerar diferentes posibilidades. Había innumerables princesas nobles y hermosas, y todas estarían encantadas de casarse con sus hijos.

La llegada de Visvamitra

Fue en ese momento cuando llegó a Ayodhya el gran Visvamitra, el sabio de fama inmortal que había alcanzado las cumbres más altas de la perfección ascética. Sus austeridades fueron tan severas que los Devas se asustaron varias veces, pensando que quería destruirlos con el fuego de su poder.

Entró al palacio real y se anunció a sí mismo, pidiendo ser recibido por el rey. Tan pronto como Dasaratha se enteró de la afortunada llegada, saltó del trono y se apresuró a darle la bienvenida, llevándose todo lo necesario para honrar al santo. Cuando terminó la puja, todos se sentaron y fue Dasaratha quien rompió el silencio diciendo:

"Oh, gran Rishi, los santos como tú purifican cada lugar que visitan. Estoy encantado con su llegada y prometo satisfacer todas sus necesidades, aunque sé que los ascetas de su calibre no tienen necesidades. Sin embargo, espero que hayas venido aquí con alguna solicitud. Sería feliz; así podría comprometerme a su servicio."

El sabio tenía una expresión seria, pero una luz viva de santidad y misericordia emanaba de sus ojos oscuros. Estaba visiblemente complacido con la completa disponibilidad del rey.

Sin prisa, Visvamitra prosiguió diciendo:

"En realidad, he venido aquí con una petición específica que surge de problemas que dificultan mi tranquilidad y la de los otros ermitaños con los que vivo. Vine a pedir su ayuda."

Dasaratha se alegró de poder hacer algo por un sabio tan famoso.

"Cualquiera que fuera el obstáculo, asume que ya no existe," respondió Dasaratha con entusiasmo. "Nada en este mundo debe obstaculizar la vida de aquellos que trabajan con su propio espíritu en beneficio de todos. Dime, ¿cuál es tu problema?"

"En este período," dijo el asceta, "estamos llevando a cabo ceremonias de sacrificio de gran importancia, pero dos Raksasas nos impiden realizarlas, perturbando el procedimiento planeado. Arrojan cosas sucias y contaminadas a la arena que siempre debe mantenerse limpia. Me gustaría que mataran a los dos malvados, Maricha y Subahu, y que la paz regresara a nuestras vidas."

"Oh, Visvamitra, dijo Dasaratha, yo mismo me iré hoy para poner fin a la vida de los dos malhechores. No temas. Pronto tus yajñas podrán reanudarse calmadamente y volverá a ser como antes."

Pero el Rishi no parecía feliz.

"No, rey virtuoso. No quiero que vengas. Te pido que me confíes a tus hijos Rama y Laksmana. Ellos serán los que destruyan a los Raksasas."

"¿Rama y Laksmana?", preguntó Dasaratha. "Pero ellos son poco más que dos niños."

Visvamitra lo miró ligeramente irritado.

"Lo sé. Pero tengo razones válidas para pedírselo a ellos y no a ti en persona ni a otros."

Dasaratha comenzó a sentirse agitado. La misión era peligrosa, no quería exponer a sus hijos pequeños, a quienes amaba mucho, a esos peligros.

"Oh, sabio, nunca he sido derrotado en batalla. No puede dudar de que soy capaz de obtener el resultado. No te preocupes: mi ejército y yo destruiremos a los dos Raksasas."

Al ver a Dasaratha agitado, Visvamitra frunció el ceño, molesto por la falta de fe del rey. Su voz se volvió aún más oscura y profunda.

"¿No crees que puedo proteger a tus hijos? Pregunté por Rama y Laksmana. Si no quieres dármelos, dímelo y me iré al instante."

Al ver al sabio decidido en sus intenciones y pensar en el grave peligro al que se enfrentaban sus hijos, Dasaratha sintió que se desmayaba. Sus ministros se apresuraron a apoyarlo. Se recuperó a tiempo para escuchar la voz grave de Visvamitra atronando.

"Cuando entré, me prometiste que me darías cualquier cosa. ¡Pero veo que no quieres cumplir tu promesa!"

Con el rostro visiblemente enojado, se levantó e hizo el intento de irse , pero el sabio Vasistha lo llamó y lo detuvo.

Bala Kanda

"Gran Visvamitra, no te enojes con nuestro rey. Sinceramente quiere servirte, pero teme por los jovenes. Espera un momento más, hablaré con él. Lo convenceré de que tenga fe en la protección que podrás brindarles."

El Rishi se detuvo y Vasistha se volvió hacia el rey diciéndole:

"Rama y Laksmana no estarán en peligro. Recuerda que Rama nació para la destrucción de todo Raksasa y que también está protegido por Visvamitra, quien podría matar a Maricha y a Subahu él mismo si no estuviera comprometido en ese sacrificio. No te preocupes. Envía a tus hijos con él con un corazón sereno y pronto los verás regresar victoriosos y radiantes de gloria."

Después de mil incertidumbres, Dasaratha estuvo de acuerdo.

Visvamitra, Rama y Laksmana dejaron Ayodhya durante el día y se internaron en el bosque. Los pájaros, el viento, incluso los colores parecían cantar el mismo canto de paz y serenidad. El bosque era de una belleza celestial extraordinaria, lo que naturalmente conducía a pensamientos virtuosos. Los dos hermanos estaban tranquilos y siguieron al sabio con respeto. En compañía de ese sabio Muni, el viaje resultó placentero e instructivo. Visvamitra contó muchas historias y les mostró varios lugares sagrados, contando historias convincentes en el lugar.

Después de unos días de caminata, los tres llegaron a otra parte del bosque. El aire ya no era el mismo, había una atmósfera tensa y demoníaca. Inmediatamente Rama sintió que habían entrado en un lugar diferente, nada sereno ni pacífico como los demás. Por todos lados yacían los huesos de varios animales e incluso de hombres.

El aire vibraba y los incomodaba. Rama vio que Visvamitra también había perdido su alegría y su locuacidad. Se dirigió a él con las siguientes palabras:

"Veo que hay algo que te molesta. Veo claramente los signos de malestar en tu rostro. En esta parte del bosque el ambiente ya no es el mismo, ya no escucho el canto de los pájaros y ni siquiera veo muchos animales. Dime, ¿hay algo particular en este lugar?"

"Sí, así es." Admitió Visvamitra. "Este bosque no es como todos los demás porque Tataka, un terrible Rakshasi, ha vivido aquí durante muchos años. Ustedes saben que, en general, estos seres son muy malvados y disfrutan comiendo carne, especialmente carne humana y bebiendo sangre. Además de esto, tienen muchos poderes místicos y son valientes en el combate."

"Entiendo," respondió Rama, "que su presencia es una fuente de sufrimiento para muchas personas. ¿Quieres que haga algo al respecto?"

"Mira estos huesos y siente el hedor en el aire," fue la respuesta. "Ya ni los animales pasan por estos caminos. Este fue una vez un bosque agradable y alegre. Tataka lo ha convertido en un desierto lúgubre y espantoso. Por eso sería bueno que lo mates."

"He oído hablar de Tataka," dijo Rama con curiosidad, "y me gustaría saber más sobre él. Cuéntame la historia de su vida."

Deteniéndose en el lugar donde estaban, el Rishi miró a Rama y a Laksmana y relató con calma:

Bala Kanda

"Anteriormente Tataka no era el demonio horrible que es ahora. Se convirtió en eso más tarde.

Una vez hubo un Yaksha llamado Suketu. Era una persona pura y de buen corazón, pero no tenía hijos y estaba entristecido. Su deidad era Brahma y le servía con gran devoción. Brahma quedó satisfecho con su devoción y le concedió una hija con gran fuerza física. Este era Tataka.

Se casó con Sunda y tuvo un hijo llamado Maricha. Más tarde, Muni Agastya mató a Sunda y los dos decidieron vengar la muerte del miembro de la familia. Al enterarse de sus intenciones, el sabio lanzó una poderosa maldición y Tataka y su hijo Maricha se volvieron crueles y horribles Raksasas.

Tanto Tataka como Maricha son un peligro constante para la gente pacífica. Tu deber como kshatriya, por lo tanto, es matarla y aliviar así el sufrimiento de los indefensos."

Entonces, con la intención de actuar como Visvamitra deseaba, Rama, con gran determinación, comenzó a hacer ruido sacudiendo las ramas de los árboles para atraer la atención de Tataka. Al escuchar esos molestosos ruidos, el demonio, que no se encontraba lejos, comenzó a prestar atención tratando de entender cuál podría ser la causa. Incapaz de averiguar qué o quién podría estar haciendo tanto alboroto, corrió a la escena para indagar por sí mismo. Allí los vio a los tres, y con una voz que parecía provenir de una cueva profunda, pronunció las siguientes palabras:

"Seas quien seas, hombre imprudente, has llegado en el momento adecuado. Tengo hambre y hoy me apaciguaré con tu carne."

Con gran vehemencia, Tataka atacó. Pero Rama se defendió y después de una corta pelea la mató. Tan pronto como la Rakshasi tomó su último aliento, Visvamitra abrazó a Rama y le enseñó el uso de varias armas celestiales. Con estas, Rama se hizo aún más fuerte contra cualquier enemigo.

Durante el viaje, los tres llegaron a la ermita de Vamadeva y Visvamitra contó su historia.

Finalmente Visvamitra, Rama y Laksmana llegaron al estupendo lugar donde vivía el sabio y realizaron sus austeridades y sus sacrificios. Allí había muchos ascetas dedicados a los servicios más dispares, y todos ellos emanaban una luz de pureza y serenidad. La mayoría de ellos vestidos con un sencillo algodón naranja, tenían el pelo recogido en la parte superior de la cabeza. La escena era idílica y Rama se sintió feliz y aliviado. ¡Cuánta espiritualidad emanaba de ese lugar! Cuando un hombre cansado de las ilusiones de la vida materialista deseaba volverse dentro de sí mismo para encontrar el verdadero significado de su existencia, se dirigía a uno de estos ashramas, o lugares donde se practicaba la vida espiritual. Poco a poco, el ardor de los deseos, la ira y la envidia disminuían y surgía una nueva conciencia en el corazón. Aquello que hacía que esto se realizara en el ser era la conciencia de Dios. Había una fuerte atmósfera espiritual en el ashrama de Visvamitra.

Bala Kanda

Visvamitra no quiso demorarse más y comenzó los preparativos para el yajña.

En poco tiempo todo estuvo listo y la ceremonia comenzó a llevarse a cabo de nuevo. Rama y Laksmana se mantenían vigilantes mirando constantemente a su alrededor. No comieron ni durmieron durante seis días y seis noches.

El sexto día hubo un estruendo ensordecedor en del cielo, y mientras los ascetas continuaban impávidos recitando los mantras védicos y arrojando ghee al fuego sagrado, Rama y su hermano entendieron que los demonios estaban llegando. Intercambiaron una mirada de complicidad. Empezaron a caer del cielo objetos inmundos: trozos de carne, sangre, entrañas, orina, excrementos y toda clase de inmundicias. Hubo una risa violenta y escalofriante y la lluvia demoníaca aumentó. Rama reaccionó comenzando a disparar flechas hacia arriba con tal velocidad que creó una cúpula gigante hecha de flechas a través de la cual nada podía filtrarse. Maricha y Subahu estaban asombrados por lo que estaba sucediendo y comenzaron a arrojar enormes rocas. Pero Rama también las rechazó. En ese momento, los Raksasas se dieron cuenta de que estaban lidiando con un oponente digno de una seria consideración y dejaron de jugar. Entonces atacaron a los dos jóvenes príncipes.

Después de una pelea violenta, Rama mató a Subahu y arrojó a Maricha a muchas millas de distancia, usando el arma llamada Vayavya-astra, que creó un viento impetuoso. El último sonido que se escuchó fue el grito de ira de Maricha. Los Raksasas fueron derrotados y desde ese día, la vida de los Rishis volvió a ser pacífica en el bosque.

Los santos personifican los principios de la religión y cuando éstos están en peligro, Vishnu se encarna y los protege. Esta es su solemne promesa.

Rama y Laksmana estaban felices con el éxito de su tarea y cuando terminó el sacrificio se presentaron ante el sabio. Rama le dijo en nombre de los dos:
"Esos seres malvados han sido derrotados y ya no te molestarán. Cuéntanos, ¿qué otra cosa podemos hacer por ti?"
Visvamitra sonrió e inclinó la cabeza hacia adelante expresando su alegría por el éxito logrado y su aprobación por la actitud humilde de los príncipes. Les dijo:
"El rey de Mithila, Janaka, está a punto de realizar un gran sacrificio. Tiene un arco que alguna vez fue el arma personal de Shiva. Entonces el Dios se lo dio al rey Devarata, quien luego se lo dio a Janaka. Pero no fue una reverencia normal. Nadie puede sostenerlo, ¿qué tal si lo tratan? Mis valientes príncipes, si quieren podemos ir a Mithila para admirar el arco de Shiva."
Los príncipes aceptaron de buen grado la propuesta y los tres partieron de nuevo. Pasando por bosques fabulosos, cruzando ríos y arroyos frescos e incontaminados, hablaron de antiguas historias de sabios y Devas. Visvamitra contó las historias de su árbol genealógico y la maravillosa historia de su vida. Una noche también contó la historia del río Ganges y su

Bala Kanda

descenso a los planetas medio e inferior. Luego, el pequeño grupo llegó a la ermita donde aún vivía Ahalya. Visvamitra contó su historia.

"Hace mucho tiempo esta ermita perteneció al santo Gautama quien, asistido por su esposa Ahalya, practicaba severas austeridades. En aquellos días no había mujer más hermosa que ella, tanto que incluso Indra, el rey de los planetas celestiales, se enamoró de ella. Un día, cuando Gautama había dejado la ermita, Indra decidió tomar su imagen pensando en engañar a Ahalya, y entró en la choza.

Indra le pidió a la mujer que se acostara con él. Ahalya lo miró. Se dio cuenta de que no era su marido y también entendió que era Indra, pero aceptó. Después del coito, Indra sintió pánico por temor a que Gautama pudiera regresar y encontrarlo allí. Se levantó rápidamente y empezó a huir, pero fue en vano: Gautama estaba de vuelta; ya estaba allí, detrás de la puerta. Al ver huir a Indra, entendió lo que había sucedido y lo maldijo violentamente diciéndole:

"Entraste en mi ashrama y al tomar mi imagen disfrutaste del cuerpo de mi esposa. Por este acto vil te volverás impotente".

Cuando Indra huyó, Gautama se volvió hacia su esposa, que temblaba como una hoja de miedo. Mirándola intensamente, dijo:

"Tú, querida esposa, me has sido infiel. Sin embargo, mi sentimiento por ti no ha cambiado. Te purificarás de tu pecado viviendo muchos años en esta ermita con un cuerpo invisible a los ojos de los hombres y solo comerás aire. Dormirás en un lecho de cenizas y sufrirás un remordimiento ilimitado. Pero cuando Rama, el hijo de Dasaratha, visite este lugar, serás libre de mi maldición y viviremos juntos de nuevo".

"Ahalya estaba feliz de poder purificar su culpa de esta manera," continuó Visvamitra, "y de poder algún día volver a vivir feliz con su esposo. Indra recuperó su capacidad sexual después de mucho tiempo y esfuerzo, pero Ahalya todavía espera ser liberada de sus dolores. Depende de ti restaurar su paz. Entonces, entra en la ermita."

Tan pronto como Rama entró, vio frente a él a una hermosa mujer que lo miró con ojos agradecidos. Momentos después apareció el sabio Gautama, agradeció de todo corazón al príncipe y luego, juntos, desaparecieron.

En Mithila

No habían pasado muchos días desde su partida cuando entraron en Mithila, decorados e impregnados de un gran aire de celebración.

Visvamitra los condujo inmediatamente a la arena de sacrificio del rey Janaka y se anunciaron. Momentos después vieron a Janaka salir a recibirlos personalmente, acompañado de sus ministros más importantes. Ofreció una puja al santo Visvamitra y le lavó los pies con gran humildad. Después de eso, los hicieron sentararse. Janaka se volvió hacia Rama.

"Querido joven príncipe, ¿conoces la historia del arco de Shiva?"

Rama asintió.

"Si. Visvamitra me la contó y tengo curiosidad por verlo," respondió.

"Este arco es tan pesado," dijo Janaka, "que ni los reyes más poderosos de la tierra han podido siquiera moverlo. Estoy decidido a dar a mi hija Sita en matrimonio a quien sea capaz de sujetarlo y darle la cuerda."

El rey contó brevemente la historia del nacimiento de su hija y luego envió a buscarla. Cuando Sita entró, Rama la vio quedó atónito. Había oído hablar de ella, pero no esperaba ver una mujer así. Sita brillaba con una belleza que no era de este mundo porque venía del mundo donde las formas no tienen defectos ni limitaciones. ¡Nunca había visto a una mujer tan hermosa! Además de la belleza física, una luz profunda de castidad y santidad emanaba de Sita y esto la hacía aún más irresistiblemente atractiva.

Sita miró a Rama y tan pronto como lo vio, su corazón comenzó a latir violentamente. El príncipe era maravilloso: tenía unos ojos como pétalos de flor de loto, su largo cabello negro que le caía por los hombros y cada rasgo era un himno a la belleza. Cuando sus miradas se encontraron, el amor eterno que los unía se despertó e inundó sus corazones. Vishnu y Lakshmi se encontraron en otras circunstancias, en otra situación, unidos por el propósito divino que era la meta de su encarnación. Casualmente, Sita bajó la cabeza y se sonrojó. En su corazón esperaba que Rama intentara levantar el arco y que lo lograra. Rama la contempló. Era su eterna compañera y no pudo apartar su mirada de ella.

"Si me lo permiten, me gustaría ver el arco sagrado de Shiva," dijo entonces.

Janaka ordenó que trajeran el arco al pasillo. Poco después, el arma fue introducida en un carro gigantesco tirado por diez hombres.

"Mira, oh, hijo de Dasaratha, proclamó Janaka. Reitero la oferta que ya les he hecho a muchos antes que ustedes: si pueden sostenerlo y arreglar la cuerda, les daré a mi hija Sita en matrimonio."

Rama buscó el permiso de Visvamitra, quien sonrió y movió la cabeza afirmativamente. El príncipe se acercó al arco, lo miró, lo tocó, le ofreció respetuosas reverencias y luego lo agarró. Todos contuvieron la respiración. Y para sorpresa de todos, Rama lo levantó sin ningún esfuerzo aparente. En los planetas celestiales Shiva bailó en éxtasis y todos los Devas manifestaron su alegría. Luego, para ponerle la cuerda, la dobló con tanta fuerza que con un rugido ensordecedor, el arco se partió en dos. Todos perdieron el conocimiento, excepto los sabios presentes, Janaka, Rama y Laksmana.

Con gran felicidad, el rey le concedió a Sita a Rama.

El matrimonio de Sita y Rama

La noticia de lo sucedido pronto llegó a Ayodhya. Dasaratha estaba encantado de que su hijo se casara con la hermosa y casta Sita, mundialmente famosa por sus cualidades, y también estaba encantado de aliarse con un rey poderoso y virtuoso como Janaka. Con sus esposas, hijos, ministros y muchos soldados, Dasaratha partió hacia Mithila.

Entonces Rama se casó con Sita y Laksmana se casó con la hermana de Sita. Janaka tenía un hermano llamado Kusadhvaja, que tenía dos hijas. Bharata y Satrughna se unieron a las dos hijas de Kusadhvaja.

Después de celebrada la boda, Dasaratha se despidió calurosamente de Janaka y se fue con su séquito, con sus hijos y con sus respectivas esposas.

Parasurama

El día era hermoso y el sol estaba alto en el cielo. Todo parecía expresar felicidad y ausencia de problemas. Sita y Rama, mientras se contemplaban, estaban hablando de mil cosas. Pero incluso en ese momento de alegría, acechaba el peligro. Probablemente sea la naturaleza misma de este mundo: la inocencia de cada paso esconde un peligro potencial. De repente se levantó un fuerte viento y el cielo se oscureció: los caballos, asustados, relincharon ruidosamente. Dasaratha miró a Sumantra.

"Esta no es una tormenta normal. El día ha estado tranquilo y hace unos momentos no había ni un soplo de viento. Hay muchas señales que presagian peligro."

Sumantra también sintió que la ansiedad aumentaba en ella.

"Sí, es verdad. Algo está por suceder. Vamos a ver."

De repente, se oscureció. Estalló un trueno y un momento después volvió la luz del día. Iluminado por una luz de gloria, Parasurama, la encarnación divina que había exterminado a todas las razas de kshatriyas veintiuna veces, se paró frente a ellos, sosteniendo firmemente su hacha en su poderosa mano. Sus ojos eran ardientes, su figura y su mismo nombre aterrorizaban a cualquier guerrero. Parasurama se había detenido en medio del camino y les impidió continuar su viaje. Los soldados de Dasaratha temblaron de miedo, porque conocían bien la fama del invencible Parasurama. Los brahmanas murmuraron:

"¿Qué querrá el hijo de Jamadagni de nosotros? ¿Quizás querrá reiniciar el exterminio de los kshatriyas? Su venganza se llevó a cabo hace mucho tiempo; ¿Qué podría querer de nosotros?"

Dasaratha se bajó rápidamente del carro y ofreció todos los honores al brahmana que un día adoptó la vida del guerrero. Pero era evidente que Parasurama tenía un propósito muy específico para detener la columna del rey. Se escuchó su voz, resuelta, solemne:

"¿Dónde está tu hijo Rama?"

Rama dio un paso adelante e inclinó la cabeza con respeto. Parasurama lo miró.

"Has cometido el sacrilegio de romper el arco de Shiva y debo castigarte por ello."

Dasaratha estaba aterrorizado. Trató de hablar con el poderoso brahmana, pero él lo ignoró: solo tenía ojos para Rama.

"Hay un arco similar al que rompiste," continuó diciendo Parasurama. "Esos dos arcos fueron hechos por Visvakarma y sirvieron en la pelea que iba a decidir quién era el más fuerte entre Vishnu y Shiva. No entiendo cómo pudiste haber roto ese arco, pero quiero ver si puedes sostener el otro en tu mano."

Bala Kanda

Con un rugido ensordecedor, el arma de Vishnu apareció en la mano de Parasurama. Se lo entregó al príncipe, sereno a pesar del peligro que se avecinaba. Rama lo tomó sin esfuerzo, mirándolo con calma, sin ninguna ansiedad. Parasurama estaba asombrado: ¿cómo pudo ese joven príncipe, después de romper el arco de Shiva, sostener el de Vishnu en su mano? Entonces comprendió: sólo el propio Vishnu podía hacer tal cosa. Y los dos desaparecieron de la vista de todos.

"Tú eres el Dios Supremo, Vishnu encarnado en la tierra," oró Parasurama con las manos juntas. "Perdona mi descaro; no sabía quién eras en realidad."

Rama colocó una flecha en el arco y estiró la cuerda.

"Una vez colocada, esta flecha ya no se puede retraer. Tiene que golpear y destruir algo. Dime, ¿qué quieres que destruya?" Preguntó Rama con firmeza.

"Destruye los planetas que he llegado a merecer por mis austeridades," fue la respuesta.

Y la flecha terrible se disparó y destruyó esos planetas. Ofreciendo reverencias a Rama, el brahmana desapareció.

Finalmente, Dasaratha vio reaparecer a su hijo, pero no podía entender cómo había escapado de tal peligro. Poco después se fueron y llegaron a Ayodhya. Su llegada fue celebrada por la gente que los esperaba.

Los años de felicidad

Unos años más tarde, Dasaratha envió a Bharata y a Satrughna a Kekaya para visitar a Yudhajit, su tío materno.

Ramayana (Tal Como Es)

El glorioso príncipe Rama pasó así doce años de felicidad con su esposa Sita. Los dos eran inseparables, nunca se veían el uno sin el otro. En realidad, no podían soportar ni un momento de separación. En la medida que Lakshmi y Vishnu aumentaban su felicidad y belleza al estar uno al lado del otro, Rama y Sita brillaban cada vez más y no se separaban ni siquiera por un momento.

Bala Kanda

Ayodhya Kanda

Dasaratha quiere coronar a Rama

Pasaron los años. Como siempre sucede, pocos notan el inexorable paso del tiempo que arrastra las cosas o personas que más aman de sus manos. El tiempo quita principalmente la juventud, la vida, que es lo más importante, ya que todo lo demás encaja en él. Dasaratha era una persona inteligente y espiritualmente avanzada, pero ni siquiera él notó que la vejez se acercaba, hasta que las primeras enfermedades comenzaron a socavar su cuerpo, que ya no era tan poderoso como antes. Se empezaron a sentir los primeros dolores. Comenzó a aflorar una vaga sensación de cansancio hacia la vida política y familiar y pensó que era hora de dejarlo todo para ir a pasar los últimos años de su vida en el bosque.

Un día reunió a sus consejeros. Había cierta gravedad en el ambiente.

"Queridos amigos," comenzó a decir, "me estoy haciendo viejo. ¿No se han dado cuenta? Ninguno de ustedes me lo ha dicho nunca. Las primeras enfermedades comienzan a minar la eficacia de mi cuerpo. En este punto, creo que lo más sabio es nombrar a Rama como príncipe heredero y luego retirarme al bosque en meditación. Esta ha sido siempre la mejor forma de pasar los últimos años de vida. Es el camino eterno, el deber de todo rey. Aferrarse a las comodidades y la opulencia de la corte hasta el final es una deshonra que no deseo. ¿Qué piensan ustedes al respecto?"

"Siempre es un momento doloroso cuando un rey virtuoso como tú deja el trono", respondió Sumantra en nombre de todos, "pero es perfectamente cierto que este ese es el deber religioso de los kshatriyas, y creemos que tu decisión es correcta. En cuanto a Rama, la gente lo ama incondicionalmente y todos estarán muy felices de recibirlo como el futuro rey."

Dasaratha se alegró de escuchar esas palabras y el mismo día dio las instrucciones para preparar la ceremonia de investidura de Rama. Cuando los ciudadanos se enteraron, su alegría estalló en mil festejos, esperando la coronación. La ciudad fue limpiada y lavada con agua de rosas y decorada festivamente con banderas, carteles y con muchos otros adornos. Había un aire de felicidad casi frenética. Pero los caminos del destino son a menudo imprevisibles, y en esos momentos nadie podía imaginar lo que deparaba el futuro.

Manthara cambia la historia

Muchos años antes, la reina Kaikeyi había adoptado a una niña huérfana jorobada que conoció en la casa de su tío materno. Su nombre era Manthara y se le dio la tarea de cuidar las habitaciones privadas de la reina. A pesar de la naturaleza a veces dura y a menudo envidiosa de su ama de llaves, Kaikeyi se había encariñado con ella. Ese día Manthara vio el fermento característico de las ocasiones festivas e imaginó que algo importante estaba a punto de suceder. La gente estaba particularmente feliz y se reía y bromeaba en las calles incluso por razones triviales. Manthara se preguntó qué estaba a punto de suceder. En un momento en que estaba con Kaikeyi, le preguntó:

"Veo que todos se están preparando para un gran evento, pero todavía no me he enterado de qué se celebrará. Mi querida reina, ¿lo sabes tú?, ¿qué será?"

Kaikeyi la miró con una expresión amable.

"¿Pero cómo es que no sabes nada? Hoy es un día de gran alegría para nosotros. Dasaratha está a punto de proclamar a Rama como príncipe heredero. Pronto el amado Rama se convertirá en el rey de Mithila."

Al escuchar esto, Manthara frunció el ceño y apretó los labios con violenta rabia.

"¿Que Rama será coronado príncipe heredero?", casi gritó. "¿Y debería alegrarme? Pero, ¿cómo puedes sentirte feliz en un día tan fatal para ti? Debería ser lo contario; tienes muchas razones para estar infeliz."

Kaikeyi pensó que Manthara estaba bromeando.

"Via Manthara", le respondió Kaikeyi tratando de restarle importancia, "es un día tan hermoso, ¿por qué razon debería estar infeliz?"

Manthara, torpe en su deformidad, parecía realmente enojada y la reina pronto se dio cuenta de que no estaba bromeando.

"¿Un lindo dia? Pero, ¿qué crees que les pasará a ti y a tu hijo Bharata el día en que el rey deje el cuerpo? Piensa. Este es el día de tu derrota. Cuando Rama sea coronado, podrás estar segura de que nunca llegarás a ser la madre de un rey y nadie te mostrará respeto."

Ayodhya Kanda

Kaikeyi todavía no se tomó muy en serio las palabras de su ama de llaves.

"Pero sabes bien," respondió, "que Rama nació antes que Bharata y, por lo tanto, según la costumbre, es el heredero por derecho. Además, no creo que nadie me falte el respeto. Rama es un joven noble y cariñoso y siempre me ha amado de la misma manera que amaba a su propia madre."

Manthara se puso colorado y ahora gesticulaba.

"No, este ya no será el caso en el futuro. Rama te tratará como a una sirvienta e intentará matar a Bharata porque sabe que un hermano menor valiente es un peligro constante. Esta es la política del poder, siempre ha sucedido así. Y luego, después de matar a tu hijo, te echará de la corte y te exiliará."

Kaikeyi no creía que Rama pudiera alguna vez comportarse de una manera tan atroz, pero Manthara fue tan persistente y planteó tantos argumentos que la reina finalmente se convenció. Pensó que debería hacer algo por su propio bien y por el de Bharata. La idea de su hijo sentado en el prestigioso trono de Ayodhya había despertado en ella un extraño fervor.

"Sí, es verdad. Debemos evitar la coronación de Rama. Quiero ver a mi hijo en el trono. ¿Pero qué podemos hacer? Rama tiene la primogenitura. No veo una solución."

Manthara, ante esas palabras, hizo una mueca de triunfo.

"¿Debería recordarte lo que pasó hace mucho tiempo? Tú misma me lo dijiste. ¿Recuerdas cuando acompañaste a tu esposo a esa batalla donde los Devas lucharon contra los Asuras? ¿Recuerdas que el rey fue herido y tú le salvaste la vida al sacar el carro del campo de batalla? Entonces el rey te prometió cumplir dos de tus deseos, fueran los que fueran. No tenías deseos en particular en ese momento, pero él insistió, así que dijiste:

"Ahora no te pido nada por mí, pero en el futuro quizás tenga algunos deseos que satisfacer: prométeme que en cualquier momento que los pida tú me los concederás."

"Dasaratha lo prometió y nunca le has pedido nada hasta ahora. Kaikeyi, este es el momento. Pídele dos cosas al rey: que exilie a Rama en el bosque durante catorce años y que nombre a Bharata como príncipe heredero."

La reina estaba preocupada por ese pensamiento. Vaciló un momento. No estaba segura de si eso sería correcto. Pero la ambición y la insistencia de Manthara prevalecieron y cedió al plan diabólico.

¿Qué estaba pasando en el corazón de Manthara? ¿Y en el virtuoso corazón de Kaikeyi? Quién sabe. Por supuesto, la ambición es un mal consejero cuando no se controla. El mismo Bharata, en medio de su dolor reconoció que Manthara y Kaikeyi eran solo los instrumentos de un destino inescrutable.

Manthara aconsejó a Kaiyeyi diciéndole:

"Ve directamente a la habitación donde te encierras cuando tienes problemas y esparce tus joyas por el suelo. Cuando Dasaratha venga a buscarte, debe encontrarte allí, y verás que te preguntará la razón de tu aflicción. Entonces dile lo que quieres de él. Ve rápido, el rey podría llegar."

Kaikeyi entró en la sala de la ira y se tumbó en el suelo, fingiendo desesperación.

Poco después, Dasaratha fue a visitar a su esposa. Acababa de terminar de dar instrucciones para la próxima ceremonia. Su corazón estaba lleno de alegría y quería compartirlo con ella. Entró en sus habitaciones privadas, pero extrañamente no la encontró. La buscó por todas partes, pero no pudo hayarla. Entonces Dasaratha preguntó a las doncellas si sabían a dónde había ido la reina y se le informó que estaba en la sala de la ira.

El buen rey se sorprendió. ¿Por qué había entrado su esposa favorita en esa habitación? ¿Qué le estaba ocurriendo? Kaikeyi siempre había tenido todo lo que quería, no le faltaba nada en absoluto. ¿Qué la hacía infeliz? Dasaratha entró apresuradamente en la habitación y la encontró allí, tendida en el suelo, con las joyas esparcidas por todas partes y con el rostro oscurecido por el dolor. Dasaratha se sorprendió.

"Mi querida esposa, ¿qué estás haciendo en esta habitación y por qué estás tirada en el suelo? ¿Cuál es la causa de tu pesar? Sabes que estaría dispuesto a hacer cualquier cosa para hacerte feliz. Dime qué ha pasado."

Con una voz rota por las lágrimas dijo:

"¿Recuerdas cuando te salvé la vida? Ese día me prometiste concederme dos deseos."

Dasaratha sonrió.

"Por supuesto que lo recuerdo. Siempre he cumplido mis promesas y seguramente lo haré contigo ahora también. Si tienes algún deseo, dímelo y lo satisfaceré de inmediato."

"Sí, ahora tengo dos deseos para pedirte, respondió ella, pero primero quiero que me repitas que estás listo para hacer cualquier cosa por mí."

El rey respondió en tono afable.

"Mi querida Kaikeyi, estoy listo para hacer cualquier cosa para verte feliz."

Al escuchar estas palabras, Kaikeyi fortaleció y endureció su corazón. No fue fácil para ella, porque Kaikeyi era una mujer dulce y cariñosa.

"Quiero que envíes a Rama al exilio en el bosque durante catorce años y que nombres a Bharata heredero del trono en su lugar."

El rey no podía creer lo que había oído o tal vez no quería creerlo. "Tal vez estaba bromeando", pensó. Quizás fue un malentendido. Kaikeyi siempre había amado a Rama y Rama siempre había sido afectuoso con Kaikeyi. Entonces, ¿por qué tenía que odiarlo tanto? En ese momento, Dasaratha no pudo decir nada.

"Kaikeyi, ¿qué estás diciendo?" finalmente jadeó. "No puedo exiliar a Rama. ¿Qué te ha pasado? ¿Por qué me pides tal cosa?"

La reina reaccionó con vehemencia.

"Hiciste una promesa. Las primeras reglas morales de un rey son la veracidad y la honestidad. Te pido que destierres a Rama y que nombres a Bharata como príncipe heredero."

Lo dijo casi gritado, con rabia, con furia, casi con odio. Ya no era la misma dulce Kaikeyi; era otra persona. ¿Quién era? ¿Cómo convencerla de que estaba pidiendo algo absurdo? Al verlo asombrado e incapaz de reaccionar y aceptar la realidad, Kaikeyi repitió la

Ayodhya Kanda

solicitud varias veces. Y cuando el pobre monarca se dio cuenta de que su esposa lo decía en serio, el dolor lo hizo perder el conocimiento. Luego se recuperó y trató pacientemente de disuadirla de su cruel propósito, pero no lo consiguió. Kaikeyi estaba decidida. Ésos eran sus deseos.

Toda la noche Dasaratha trató de persuadir a su esposa, pero el sol que se asomaba desde detrás del horizonte encontró a Dasaratha desesperado. Al ver que su esposo no tenía el valor para hacerlo, Kaikeyi llamó a una sirvienta y le dijo que llamara a Rama y lo llevara a sus apartamentos, diciéndole que su padre quería verlo.

Cuando la criada le transmitió el mensaje, Rama se sorprendió un poco por esa llamada a una hora tan inusual, pero inmediatamente salió y corrió hacia su padre.

Entró en la habitación de Kaikeyi e inmediatamente se dio cuenta de que había sucedido algo grave. Dasaratha estaba conmocionado, sus ojos estaban enrojecidos por el llanto. Se quedó mirando al suelo: no tuvo el valor de mirar a los ojos de su hijo, tan parecidos a los pétalos de la flor de loto. Kaikeyi tenía una extraña mirada de cruel triunfo en sus ojos. La atmósfera era extraña, inusual. Rama estaba sorprendido y disgustado por el evidente dolor de su padre.

"Te veo muy triste," le dijo. "¿Qué está pasando? ¿Cuáles son las razones que te hacen sufrir tanto? En tu reino todo está bien, la gente te ama y te respeta. ¿Qué pasa?"

Dasaratha no podía hablar. Mantenía la mirada baja y tenía una expresión aterrorizada, como si viera en ese mármol imágenes monstruosas que lo amenazaban con quién sabe qué peligros. Su corazón estaba lleno de dolor. Sin piedad, Kaikeyi le reveló todo a Rama. Pero para su sorpresa, el príncipe no se inmutó y sonrió como si nada estuviera pasado.

"Mi querido padre," dijo en voz baja, "no llores por mí. Acepto el exilio con la misma alegría con que hubiera aceptado la coronación. No te preocupes. Pasaré estos catorce años en el bosque en compañía de santos y ascetas y me enriqueceré con sus conocimientos espirituales. También, los protegeré de los seres malvados y así les prestaré un valioso servicio. Y cuando estos años hayan pasado, volveré contigo, aunque no pueda ser el rey. Quiero que sepas que no tengo ningún apego a las alegrías de este mundo que desaparecen más rápidamente de lo que llegan y solo son causa de ansiedad. Soy feliz de todos modos, padre, no te preocupes por mí."

Dasaratha conocía bien a su hijo; esperaba esa reacción y su bondad lo entristeció aún más. Quizás hubiera preferido que Rama reaccionara violentamente, o que lo hubiera matado al verse privado de su derecho. Dasaratha se preguntó si podría vivir sin su hijo favorito.

Con una sonrisa, Rama salió de la habitación. Cuando lo vio irse, Dasaratha se desmayó. Le hubiera gustado rebelarse contra su cruel esposa, le hubiera gustado correr hacia Rama y decirle que incluso estaba renunciando a su honor, a su palabra, para no separarse de él, pero no le apetecía. Sabía que el propio Rama no aprobaría tal comportamiento. Un kshatriya no debe romper sus promesas y debe mantener su palabra a cualquier precio. Estos eran los mandatos de los Vedas, y un rey debía dar el ejemplo de obediencia. Si no se hubiera comportado así, ya nadie habría seguido las leyes y todo se habría sumido en el caos. No se suponía que él fuera la causa del sufrimiento de tanta gente inocente; mejor sufrir solo.

En el exilio

Rama no tenía ningún apego a la gloria o a la felicidad que se pueden obtener en este mundo. Meditando en el mundo espiritual y en la Suprema Personalidad de Dios, primero fue a ver a su madre y le dio la terrible noticia. Con el corazón roto por el dolor, Kausalya lo abrazó y le deseó toda la suerte. Entonces Rama fue adonde su hermano Laksmana y le dio la noticia. Laksmana no podía creer lo que oía.

"¿Que te irás al exilio? No lo puedo creer."

Rama le contó los detalles; le contó de Kaikeyi y Manthara y del complot del que había sido víctima. Laksmana sintió que su corazón explotaría de ira.

"¿Cómo puedes aceptar semejante injusticia? ¡Reacciona! Envía a nuestro padre Dasaratha al exilio ya que ha demostrado ser demasiado débil dejándose dominar por Kaikeyi. ¡Y que se vaya con ella al exilio! Si no te apetece hacerlo, solo asiente con la cabeza y yo, con mi espada, los obligaré a irse de inmediato."

A Rama le molestaron las duras palabras de su hermano.

"¡Laksmana! ¿Cómo puedes hablar de nuestro padre en estos términos? ¡Y también de Kaikeyi! ¡No hables así de ellos! Dasaratha no está apegado al trono ni a nada más. ¿Olvidas que me iba a coronar y se iría al bosque? Incluso si están cometiendo una injusticia, siempre debemos amarlos y respetarlos. Nuestro padre está obligado por su ética kshatriya y Kaikeyi, definitivamente, actúa bajo la voluntad suprema de Dios. Así que, ten fe y no te aflijas."

Pero Laksmana estaba inconsolable. Jadeaba, como si no pudiera controlar su ira. Insistió mucho en acompañarlo al bosque y finalmente Rama tuvo que aceptar.

Luego fue a ver a Sita y también le contó sobre el dramático evento.

"Me iré hoy. Me voy al bosque y no podrás acompañarme. Laksmana vendrá conmigo y me ayudará."

Con voz firme, Sita le dijo:

"Eres mi esposo y he prometido estar contigo y servirte en todas las circunstancias. No puedo vivir sin ti ni por un día: ¿cómo podría pasar catorce años sin verte? ¿Quieres que me importen las alegrías de la vida real si no estás aquí para disfrutarlas conmigo? No lo dudes, iré contigo. Y si no me quieres, te seguiré de cerca y siempre que me necesites correré hacia ti."

Rama intentó que Sita desistiera de su decisión, pero no fue posible. Finalmente accedió.

Tras despedirse de sus familiares y amigos, los tres se quitaron las sedas y las joyas reales, se vistieron con las sencillas ropas de los ermitaños y abandonaron el palacio. Su destino: el bosque.

Ayodhya Kanda

La terrible noticia del exilio de Rama ya se había extendido por toda la ciudad y cuando salió de su palacio se encontró frente a una gran multitud. Los ciudadanos se habían reunido a las puertas de la ciudad para verlo partir y expresar su dolor. Tan pronto como vieron a Rama y Laksmana vestidos de ermitaños y a la dulce Sita que los seguía fielmente, todos comenzaron a quejarse, entristecidos por esa visión lamentable e injusta. Hubo un fuerte zumbido que, cuando los tres pasaron entre la multitud, se convirtió en un alboroto.

"Rama, no sabemos por qué Dasaratha, este cruel rey, querría desterrarte al bosque," gritaron muchos, "pero quizás podamos adivinarlo. Estamos seguros de que fue culpa de la reina Kaikeyi, que está demasiado apegada a Bharata. También sabemos que el rey está demasiado apegado a ella. Pero no queremos vivir en un reino gobernado por un rey que está demasiado dominado por sus esposas, porque esto no es bueno para nuestra evolución interior. Déjanos ir contigo al bosque. Si vamos todos contigo, el bosque se transformaría en un reino y lo que ahora es un reino se convertiría en un bosque. Queremos que Dasaratha vaya al exilio y que tú reines con justicia sobre todos nosotros."

Rama observó esa genuina demostración de afecto y sonrió agradecido, pero le preocupaba que la paz continuara reinando incluso después de su partida. Entonces dijo para que todos pudieran escucharlo:

"No deben pensar mal de su rey, de mi padre, quien está siendo el instrumento de un destino misterioso. Ni sobre mi madrastra Kaikeyi, quien causó todo esto. Todos estamos en manos de un Dios supremo y bondadoso que lo controla todo. Solo el tiempo nos hará comprender por qué está sucediendo todo esto. Regresen a sus hogares. No me sigan. Déjenme liberar a mi padre de la promesa que le hizo a Kaikeyi. Después del período de exilio, volveré y seré su rey."

Finalmente, los ciudadanos de Ayodhya, con el corazón entristecido por la injusticia perpetrada, regresaron a sus hogares. Rama, Laksmana y Sita entraron al bosque.

La llegada a Citrakuta

Cayó la tarde. Rama y sus fieles compañeros habían caminado todo el día. Llegaron a la ermita del sabio Bharadvaja, el discípulo de Valmiki, no lejos de la confluencia del Ganges con el Yamuna y después de ofrecerle el debido respeto al sabio, Rama le habló:

"Tu reputación de sabio que tiene los sentidos en completo control se extiende por todo el mundo. Sabemos que has viajado mucho y que conoces innumerables lugares sagrados y encantadores. ¿Dónde nos aconsejarías que fuéramos a pasar nuestros catorce años de exilio? ¿Cuál es la tierra más hermosa que conoces?"

"Sigue mis instrucciones," respondió Bharadvaja, "y llegarás a una colina llamada Citrakuta. Es un lugar maravilloso, lleno de todas las bellezas de la naturaleza."

Los tres reanudaron su viaje y en poco tiempo vieron a Citrakuta. Era verdaderamente hermosa como la había descrito Bharadvaja. Allí estaba la ermita de Valmiki e inmediatamente fueron a ofrecerles respetuosas reverencias al sabio. Luego decidieron construir una cabaña cerca y Laksmana inmediatamente se puso a trabajar. En poco tiempo se construyó la cabaña y así comenzó un período de serenidad.

La maldición de Dasaratha

Sumantra acompañó a Rama a la ermita de Bharadvaja y luego desde allí regresó a Ayodhya para darle las últimas noticias al rey. Dasaratha estaba lúgubre, triste, absorto en quién sabe qué pensamientos. Escuchó la historia del itinerario de su hijo sin decir una palabra. Luego se levantó y se retiró a sus habitaciones.

No pudo dormir. Frente a él había miríadas de imágenes y entre todas predominaba el rostro de Rama. De repente dio un salto. Le vino a la mente un recuerdo que le hizo derramar lágrimas calientes. Aquí, ahora recordaba por qué estaba sufriendo tan amargamente. Se levantó y llamó a su primera esposa, Kausalya, la madre de Rama. La sentó en la cama y la miró, como si quisiera disculparse por lo que había hecho. Ella lo miró con cariño, sin rencor.

"Siento la necesidad," le dijo Dasaratha, "de contarte a ti y a nadie más una historia que me sucedió en mi juventud. Ya no puedo guardármelo para mí. De hecho, casi me había olvidado de este episodio, pero lo que sucedió en esos días malditos todavía lo tengo claro en mi memoria. Escúchame:

"En mi juventud aprendí el arte del tiro con arco. Aprendí tan bien que solo podía dar en el blanco al escuchar el sonido que hacía. La gente me llamaba "el que pega el sonido". Durante esos días cometí un error imperdonable, por lo que ahora estoy sufriendo las reacciones."

Dasaratha prosiguió:

"Era la temporada de lluvias. Un día fui a cazar y cuando se puso el sol continué haciéndolo. Había caído la noche y yo deambulaba en busca de una presa. De repente escuché un susurro proveniente del arroyo, un sonido como el de la trompa de un elefante bebiendo agua. Pensé que era un animal y disparé una flecha, pero no fue el rugido de un elefante lo que me respondió, sino el llanto ahogado de un hombre. Corrí al lugar y allí, herido de muerte, vi a un joven ermitaño."

"Oh, rey," me dijo con voz débil, "no sé por qué me has herido, pero ahora me estoy muriendo. No me preocupo por mi vida, que de todos modos es efímera, sino por mis padres ancianos que no podrán sobrevivir sin mí. Eres cruel porque mataste a un ermitaño indefenso, pero prométeme que irás con ellos y les darás la noticia de mi muerte."

"Así murió el joven asceta. Corrí a buscar a sus padres y no tardé en encontrarlos. Me horroricé cuando me di cuenta de que no solo eran muy viejos, sino también ciegos. Cuando les di la terrible noticia no dijeron nada, pero su dolor era visible. Luego realizaron los ritos funerarios de su hijo y tomaron la dramática decisión de entregar su vida suicidándose en la pira funeraria.

Antes de entrar al fuego me maldijeron:

"Un día usted también experimentará el profundo dolor de estar separado de su hijo."

"Ahora la maldición de los ascetas trágicamente se ha vuelto realidad."

Dasaratha estaba sollozando. Luego, mirando a su esposa, dijo casi jadeando:

"Kausalya, no puedo soportar el dolor de la separación de Rama."

Dasaratha pasó la noche angustiado. Su corazón no soportó tanto sufrimiento y al amanecer, se detuvo.

Regreso a Ayodhya de Bharata y Satrughna

La muerte del rey fue un duro golpe para los ciudadanos de Ayodhya, ya probados por el dolor de la separación de Rama. El rey, a pesar de lo sucedido, era muy querido por la gente. Ese mismo día, los ministros se reunieron para discutir la difícil situación.

"El rey Dasaratha murió esta mañana. Rama y Laksmana ya se fueron al bosque y ahora estarán demasiado lejos. Bharata y Satrughna están en Kekaya. Un reino, e incluso una ciudad, que se queda sin gobierno aunque sea por un solo día corre el riesgo de ser destruido. Por lo tanto, debemos encontrar una solución inmediata al problema, aunque sea temporal."

Lo más lógico parecía ser mandar a buscar urgentemente a Bharata y a Satrughna a Ayodhya. Entonces se enviaron mensajeros.

Ese día Bharata se despertó deprimido. Había tenido numerosas pesadillas y no se sentía cómodo en absoluto. Más de una premonición le había advertido de alguna tragedia inminente. Llamó a sus amigos más cercanos y les confió:

"Esta ha sido una noche terrible, llena de pesadillas y señales de advertencias malignas. Sin embargo, parece que todo está bien. Espero que todo vaya bien también en Ayodhya, que mi querido padre Dasaratha y mi amado hermano Rama estén bien y que no haya sucedido nada desagradable."

Justo cuando decía estas palabras, llegó un mensajero y preguntó por él. Bharata lo recibió de inmediato, alarmado por esta llegada inesperada.

"Noble Bharata, dijo el enviado, tengo un mensaje para ti de los sabios de Ayodhya. Te ruegan que regreses a la capital de inmediato, sin perder tiempo."

El desprevenido Bharata estaba alarmado por tanta preocupación. Entonces era cierto que esas premoniciones no eran el resultado de una sugerencia; algo había sucedido.

"¿Por qué tanta prisa?" preguntó ansiosamente. "¿Que ha pasado? Ahora estoy seguro de que algo serio está pasando. Dime, no me hagas preocupar."

Se ordenó al mensajero que no dijera nada, pero Bharata insistió.

"¿Le ha pasado algo a mi padre? ¿O quizás a Rama? ¿No ves lo angustiado que estoy? Dime qué ha pasado."

Pero el mensajero resolvió el problema de manera muy diplomática y solo le suplicó que se fuera de inmediato. Después de unas horas, Bharata y Satrughna abandonaron Kekaya con gran urgencia.

Cuando los dos hermanos entraron en la ciudad, la encontraron misteriosamente desierta y triste. Miraron a su alrededor y una profunda tristeza se apoderó de ellos. Bharata miró a Satrughna. Él también estaba angustiado.

Ayodhya Kanda

"¿Lo ves?" Dijo Bharata. "Las calles están vacías y la poca gente alrededor está triste y no nos saludan. Todo el mundo parece querer evitar nuestra presencia."

"Sí, ya veo", respondió Satrughna. "No hay duda: ha ocurrido algo grave. Averigüémoslo pronto. Quiero saber, ya no puedo soportar el peso de este misterio."

En primer lugar, Bharata buscó a su madre Kaikeyi y al no encontrarla en sus apartamentos se dirigió a la sala de reuniones del palacio. La encontró allí. En cuanto ella lo vio, se levantó, llevada por una gran alegría y lo abrazó efusivamente. Pero Bharata estaba demasiado preocupado y la apartó suavemente.

"Madre, ¿qué está pasando? ¿Por qué está la atmósfera tan lúgubre y triste? ¿Por qué nadie me saludó cuando entré en la ciudad? Y, ¿dónde esta mi padre? ¿Dónde están mis hermanos Rama y Laksmana? Estoy ansioso y quiero saber de inmediato qué está pasando."

Sin ningún signo de remordimiento, con un destello de triunfo en sus ojos, Kaikeyi respondió.

"Hijo mío, tu padre dejó sus restos mortales y ascendió a los planetas celestiales. Tu hermano Rama, por otro lado, está exiliado en el bosque con Laksmana y Sita."

Bharata no podía creer esas palabras. "¿Mi padre muerto? ¿Rama, Laksmana y Sita en el bosque? ¿Y por qué?", se preguntó. Tan pronto como se recuperó de su consternación, lloró amargamente.

"¡Mi padre muerto y Rama en el bosque con Sita y Laksmana! Pero, ¿cómo ha ocurrido esto? Hasta hace poco él no estaba enfermo y todo estaba bien. ¿Qué fue a hacer Rama en el bosque? Cuéntamelo todo."

Kaikeyi contó toda la historia, comenzando con el día en que Rama debió haber sido coronado; relató el consejo de Manthara, sus peticiones a Dasaratha y narró la partida de Rama y la muerte del rey.

"Ahora, hijo amado," concluyó, "tú eres el rey y puedes disfrutar del reino sin ningún enemigo. Tu hermano no podrá socavar el trono durante catorce años y el ejército te es leal. Regocíjate, entonces."

Mientras hablaba, Kaikeyi notó que su hijo no estaba satisfecho. Bharata escuchó sin decir nada, pero con cada palabra su tensión crecía y parecía a punto de explotar. Una ira creciente e incontrolable se apoderó del joven príncipe. Satrughna, detrás de él, estaba furioso. Entonces su ira estalló y la confrontó con las siguientes palabras:

"Kaikeyi, mujer malvada, no me conoces en absoluto. No aspiro a este trono y no me interesa el reino ni nada más en este mundo. Por todas estas cosas, que considero ilusorias e indignas, mataste a mi padre e hiciste sufrir a Rama, a quien adoro como a Dios."

Kaikeyi tembló ante la violenta ira de Bharata. Satrughna también parecía cada vez menos pacífico detrás de él. La voz de Bharata era dura y aguda.

Prosiguió diciéndole:

"Debería matarte por lo que has hecho, pero eres una mujer indefensa y eres mi madre. Por esto te dejo la vida, una vida que pasarás con el más atroz remordimiento. Nunca aceptaré este reino. Sepan que después de haber celebrado el funeral de mi padre iré a buscar a Rama al bosque, lo traeré de regreso y le daré el trono que por derecho le pertenece. Y para cumplir la promesa que Dasaratha te hizo, iré al bosque en su lugar."

Bharata invita a Rama a regresar

Después de las ceremonias fúnebres en honor de Dasaratha, Bharata consultó con su hermano Satrughna y con los sabios de la corte. Durante la entrevista, Satrughna ya no pudo contenerse y quiso arrojarse sobre Manthara para matarla, pero Bharata se lo impidió.

En la mañana del decimocuarto día después de la muerte de Dasaratha, Bharata anunció su partida. Frente a la multitud reunida alrededor del palacio, les dijo a todos que iría a buscar a Rama y que lo traería de regreso a Ayodhya. Los ciudadanos estaban muy contentos con esa sabia y virtuosa decisión y sintieron el renacer de la esperanza. Los preparativos para la salida comenzaron de inmediato. Bharata llevó consigo un ejército enorme y también a su madre, Manthara y las otras esposas de Dasaratha. Iban también los principales ministros y los sabios de la corte.

Recorrieron el mismo camino que Rama había tomado no muchos días antes, hasta que llegaron a la ermita del Rishi Bharadvaja. El sabio entretuvo a todo el ejército, proporcionando alimento y refugio gracias a sus poderes místicos. Después de haberlos refrescado, Bharadvaja quiso saber sus intenciones.

"Joven príncipe Bharata," preguntó, "¿Cuáles son tus intenciones hacia Rama? Espero que no tengas malas intenciones, porque estarías cometiendo una acción impía."

En un tono humilde, Bharata relató todo lo que había sucedido con gran detalle.

"Oh, gran sabio," explicó el buen príncipe, "no creas que el complot se tramó con mi aprobación. Estaba ajeno a todo y lejos de Ayodhya. No creas que he llegado tan lejos para destruir al que podría convertirse en un peligro para mi poder. Es lo opuesto. He venido para llevar a mi amado Rama de regreso a Ayodhya y devolverle lo que es legítimamente suyo. Los perpetradores del crimen son esta mujer traicionera, mi madre y su indigna sirvienta Manthara."

"Me alegra saber que no tienes malas intenciones hacia Rama," dijo Bharadvaja. "Puedes estar seguro de que de lo contrario te habría maldecido. Rama está en Citrakuta, lo encontrarás allí. En cuanto a tu madre, no le guardes rencor. Les puedo asegurar que ella solo ha sido el instrumento de un destino que finalmente los beneficiará a todos."

Después de un poco más de conversación, Bharata se despidió del sabio respetuosamente y se dirigió a Citrakuta.

El ejército se trasladó inmediatamente a la orilla derecha del Ganges y Citrakuta pronto se hizo visible. Bharata detuvo al ejército y decidió avanzar a pie, acompañado de algunos otros.

En ese momento Rama notó una gran nube de polvo en el horizonte y se alarmó.

"¡Laksmana!" llamó. "Mira esa gigantesca nube de polvo y escucha esa confusión muy similar a la de los caballos y los elefantes. Se acerca un ejército. Quizás sea un rey enemigo. Sube a un árbol y averigua cuál es el origen de esta agitación."

Rápidamente, Laksmana se trepó a un árbol para escudriñar el horizonte. Se dio cuenta de que efectivamente, era un ejército y reconoció la insignia de las milicias de Bharata.

"¡Rama!", gritó agitado, "¡Se acerca un peligro! ¡Es el ejército de Bharata! Aquí está su plan diabólico: primero movió a su madre contra ti y te robó el reino, y ahora quiere matarte para disfrutarlo en paz."

Casi había alegría en la voz de Laksmana, la amarga alegría de la venganza inminente.

"Preparémonos para luchar. Hoy el hermano traidor sabrá el precio que deben pagar los que cometen malas obras. Hoy es el último día de su vida."

Rama se había calmado; estaba sereno, casi sonriente, y le dijo:

"No pienses tan mal de Bharata. Estoy seguro de que él no tiene la culpa de lo sucedido. Ciertamente, todo fue obra de Kaikeyi."

Bharata encontró la choza donde vivía su hermano. Lo vio sentado con el arco en las manos, vestido con sencillas telas ermitañas, desprendiendo una luz de gloria. Su alegría al verlo no tenía límites: los que presenciaron esa emocionante escena derramaron cálidas lágrimas.

Los hermanos se sentaron.

"¿Qué pasa en Ayodhya?" preguntó Rama. "Espero que todos gocen de buena salud y que estén felices bajo el gobierno de un rey tan justo como nuestro padre."

Ramayana (Tal Como Es)

Al escuchar esas palabras, Bharata se sintió abrumado por el dolor y no pudo responder de inmediato. Rama lo miró con ansiedad. La expresión desesperada del hermano hablaba por sí sola.

"Nuestro padre, el virtuoso rey Dasaratha," respondió entonces, "ha ascendido a los planetas superiores, incapaz de soportar el dolor de estar separado de ti."

Rama quedó impresionado por la noticia. Escondió el rostro entre las manos y lloró amargamente. Durante un largo tiempo nadie habló.

"Ahora el reino de Ayodhya no tiene rey, continuó Bharata, y tú eres el heredero por derecho. La gente te necesita y está esperando tu regreso. Sé que le prometiste a nuestro padre que permanecerías en el bosque durante catorce años, pero ahora él está muerto. Vuelve a Ayodhya y yo ocuparé tu lugar aquí para que nuestro padre no tenga que sufrir por no haber cumplido con su compromiso."

Un destello de indecisión brilló en los ojos de Rama.

"No," respondió Rama, "le prometí a nuestro padre que me quedaría en el bosque durante catorce años y así lo haré. Vuelve a Ayodhya y gobierna en mi lugar. Cuando ese tiempo haya pasado volveré y tomaré el trono."

La insistencia fue inútil; Rama no quería regresar.

"Sabía que querrías mantener tu voto, dijo finalmente Bharata. Así que si realmente no quieres volver, al menos ponte estas sandalias que te traje. Ellas serán colocadas en el trono y yo gobernaré en tu nombre, viviendo en una choza en las afueras de la ciudad."

Ayodhya Kanda

Rama estuvo de acuerdo y poco después Bharata tomó el camino del regreso. Pero su corazón estaba hinchado de tristeza.

Los ascetas de la colina, alarmados por la llegada de numerosos Raksasas, partieron, dejando a Citrakuta desolada. Sin esos sabios, el lugar ya no era tan atractivo como antes y por esta razón Rama decidió mudarse.

Antes de irse, fueron a ver al sabio Kanva, quien vivía cerca. Luego, pidieron las bendiciones del santo Atri, quien estaba con su esposa Anasuya entre los pocos que quedaban en Citrakuta. Sita se retiró con la santa mujer y le contó la historia de su vida y su encuentro con Rama. Entonces el virtuoso príncipe decidió adentrarse en esa parte del bosque donde, según los ermitaños, vivían numerosos y crueles Raksasas. Haciendo caso omiso del peligro, Rama, Laksmana y Sita entraron al bosque.

Aranya Kanda

Rama mata a Viradha

Ese bosque infestado de terribles Raksasas se llamaba Dandaka. En el camino se encontraron con las chozas de ascetas silenciosos siempre serenos, sonrientes, poseedores de un profundo conocimiento de las cosas espirituales. Siempre estuvieron disponibles para dialogar y respondieron a todas las preguntas. Sus glorias eran las austeridades y el estudio de los sagrados Vedas, y era gracias a su vida santa que la paz existía en el planeta. En aquellos días gozaban de un gran respeto por parte de los monarcas. Rama les ofreció respetuosas reverencias a cada uno y les preguntó acerca de su bienestar. Descubrió que las respuestas eran bastante similares entre sí.

"Todo va bien en la práctica de nuestras austeridades, pero lamentablemente los Raksasas que rondan este bosque siempre nos molestan. Por favor protégenos de estos seres malvados. Si los eliminaras, facilitarías la ejecución de nuestras disciplinas," le dijeron.

Rama les prometió protección a todos. El príncipe y sus seres queridos se adentraron en el terrible bosque en busca de los Raksasas.

Pronto, se encontraron con uno. Era un monstruo espantoso, del tamaño de una montaña y con una voz aterradora. Tenía brazos muy largos y estaba cubierto de pelo rojizo, en cuanto los vio atacó de inmediato extendiendo los brazos desproporcionadamente. Rápido como un rayo, agarró a Sita y la secuestró. Pero Rama lo siguió y después de una corta pelea lo mató. Cuando estaba a punto de exhalar su último aliento, ante el asombro de los príncipes, el Raksasa habló:

"Me llamo Viradha. Ahora me ves como un monstruo aterrador, pero en mi vida anterior yo era un Gandharva llamado Tumvuru. Fui sentenciado a estar en esta forma miserable por una maldición. Un día iba a realizar un servicio importante para Kuvera cuando vi a la Apsara Rambha. Atraído por su belleza, la seguí, descuidando mi deber. Fue por esa razón que Kuvera me maldijo y me convertí en un Raksasa terrible. Pero antes me dijo que recuperaría mi estado original cuando fuera asesinado por el hijo de Dasaratha llamado Rama. Gracias a ti, ahora regresaré a Svarga-loka."

Entonces Viradha dejó su cuerpo.

La ermita de Sarabhanga

Después de matar a Viradha, Rama quiso ir a visitar la ermita del sabio Sarabhanga. Cuando estaban cerca, vio a Indra hablando con el sabio.

Indra lo vio llegar y se escondió, pensando que no lo habían visto. Rama y sus compañeros rindieron humildes respetos a Sarabhanga y conversaron durante mucho tiempo. Entonces Rama, curioso por saber qué hacía allí el rey de los seres celestiales y fingiendo no haberlo reconocido, preguntó:

"Gran sabio, ¿quién era ese noble personaje que vi cuando venía de camino?"

"Era Indra, el rey de los planetas celestiales," respondió, "quien vino a persuadirme para que dejara este mundo y fuera a Brahma-loka. Durante mucho tiempo, gracias a mis austeridades, logré acceder a esos planetas celestiales, pero sabía que vendrías aquí y siempre me negué a dejar este mundo sin antes verte. Quería hablar contigo primero. Ahora mi deseo se ha cumplido. Puedo ir con seguridad al planeta de Brahma."

Dicho esto, el sabio preparó un montón de leña y le prendió fuego. Luego entró en las llamas. La chispa espiritual que salió del cuerpo fue visible a simple vista y Rama le ofreció respetuosas reverencias. Sarabhanga había logrado la perfección de sus austeridades.

Durante sus recorridos, Rama, siempre acompañado por Sita y Laksmana, conoció a otros ermitaños. Ellos también le pidieron protección contra los Raksasas que infestaban a Dandaka. A todos, Rama les dio la misma respuesta:

"No te preocupes más. Destruiré esos seres malvados. El mundo debe ser liberado de todos aquellos que cometen actos impíos."

Agastya recompensa a Rama

Los tres decidieron visitar a Agastya, uno de los sabios más poderosos de la historia. Cuando lo vieron, comprendieron cómo había podido realizar tantas prodigios. Lo admiraron sentado en la posición de yoga conocida como el loto, cubierto de ceniza y brillando con intensa energía espiritual. Después de ofrecerle los tributos del deber, Rama quiso entretenerse hablando con él, disfrutando de su compañía y asimilando su profunda conciencia espiritual. Al final de la visita, Agastya le entregó varias armas celestiales y lo inició para usarlas.

Llevaban demasiado tiempo viajando. Rama pensó que sería mejor detenerse en un lugar tan hermoso como lo era Citrakuta. Sita también estaba cansada y necesitaba reposar. Pensó en pedirle un consejo a Agastya.

"Estoy pensando detenerme en algun lugar, dijo el príncipe. Mi esposa está cansada y una mujer no es apta para vagar constantemente. ¿Dónde podríamos encontrar un lugar adecuado para pasar felizmente parte de nuestro exilio?"

"No muy lejos de aquí hay un lugar muy hermoso llamado Pancavati. Allí la naturaleza es generosa y estarán a salvo de cualquier peligro. Sí, vayan a Pancavati; estoy seguro de que allí estarán bien. Les gustará," aseguró el sabio.

Pancavati y Jatayu

Siguiendo el consejo de Agastya, Rama, Laksmana y Sita fueron a Pancavati. Mientras se dirigían a su destino, se encontraron con un buitre gigante que los observaba amenazadoramente. Era tan grande que Sita comenzó a temblar de miedo. Pero Rama detuvo a su hermano que estaba a punto de agarrar la espada y se volvió hacia el enorme animal preguntándole:

"¿Quién eres tú? ¿Eres un Raksasa? Soy el Príncipe Rama y nací para destruir a todos los demonios. Entonces, si eres uno de esos seres malvados, prepárate para morir."

El animal, al escuchar el nombre de Rama, pareció cambiar de expresión y llenarse de felicidad.

"¡Rama! ¿Eres Rama? ¡Oh, el hijo de Dasaratha! Mi nombre es Jatayu y tu padre era un viejo amigo mío."

Laksmana se calmó y apartó su mano nerviosa de la empuñadura de la espada.

"Mi padre es Aruna, continuó Jatayu, el hermano de Garuda, y mi madre es Syeni. También tengo un hermano, Sampati. Estoy deambulando por este bosque buscando un lugar tranquilo para vivir y aún no lo he encontrado. Si son los hijos de Dasaratha, me gustaría construir mi casa cerca de su choza. Te seré útil. Cuando no estés, protegeré a tu mujer de cualquier peligro."

Rama sonrió y aceptó. Entonces Jatayu fue a Pancavati con ellos.

Pancavati era un lugar verdaderamente hermoso, como lo había descrito Agastya. Rama vivió feliz allí durante mucho tiempo disfrutando de la compañía de Sita y de Laksmana, en una choza hábilmente construida por su hermano.

Surpanakha

Un día, por el camino que bordeaba la cabaña de Rama, Surpanakha, la hermana de Ravana, el rey de los

Aranya Kanda

Raksasas, pasó por casualidad. Surpanakha era un ser monstruoso y malvado, una digna hermana de Ravana. Sus facciones eran horribles y físicamente era gigantesca.

Vio a Rama sentado en meditación. Más hermoso que un Deva, su cuerpo irradiaba luz como un segundo sol. La Rakshasi se detuvo a mirarlo, embelesada, casi asombrada de que un hombre tan guapo pudiera existir, y sintió una fuerte atracción por él. Su corazón se llenó de lujuria. Pensando que podría tenerlo como esposo, se presentó frente a Rama y le habló:

"Maravilloso joven, soy Surpanakha, la hermana de los poderosos Raksasas Ravana y Kumbhakarna. Khara y Dussana, famosos en todo el mundo, también son mis hermanos. ¿Quién eres tú? ¿Cuál es tu nombre? ¿De dónde eres? Eres el hombre más atractivo que he conocido y tengo curiosidad por saber tu nombre y de dónde vienes."

Rama miró a la mujer monstruosa e inmediatamente sintió sus intenciones. En cierto modo, estaba divirtiéndose con la situación.

"Mi nombre es Rama," respondió en broma, "y este joven es mi hermano Laksmana. Esta mujer es mi esposa Sita. Estamos fuera de nuestro reino porque hemos sido exiliados debido a una conspiración. Nuestro reino es Koshala, que una vez estuvo protegido por el famoso rey Dasaratha, nuestro padre. Pero dime, ¿en qué puedo ayudarte?"

La gigantesca Surpanakha tenía un cuerpo horriblemente deformado, pero estaba tan impresionada por la belleza de Rama que ya ni se daba cuenta.

Ella contestó:

"Solo quiero tenerte como esposo. Desde que te vi, inmediatamente sentí una fuerte atracción por ti. Por favor, no me rechaces, acepta mi propuesta."

La situación era algo divertida y vergonzosa. Rama tomó la broma.

"Tu belleza es tal que me resulta difícil negarme," respondió. "Pero ya estoy casado y he prometido tener una sola mujer en toda mi vida. Pero aquí está mi hermano Laksmana, que es tan guapo como yo, igualmente valiente y sabio. Él no ha hecho un voto de castidad como yo. Contáctalo y verás que seguro te aceptará."

Surpanakha se tomó esas palabras en serio y no se dio cuenta de que Rama se estaba burlando de ella. Entonces se volvió hacia Laksmana, mirándolo con ternura y deseo.

"Laksmana, mi hermoso héroe. Rama no puede casarse conmigo por un voto hecho a su esposa, pero tú no has hecho ningún voto y eres libre de casarte y disfrutar de la vida conmigo."

Laksmana continuó la broma iniciada por su hermano.

"Es cierto que eres una niña tan hermosa que es difícil resistirse," replicó, "y me gustaría aceptarte como esposa, pero debes saber que solo soy el esclavo de Rama. ¡Y no querrás involucrarte con un esclavo! Insiste en él y verás que abandonará a su fea esposa para huir contigo."

Pero el juego había ido demasiado lejos. Y la naturaleza agresiva y de mal genio de la Rakshasi de repente estalló, violenta e incontrolable. Pensando que

Sita era realmente el obstáculo que se interponía entre ella y la satisfacción de sus deseos, decidió matarla y devorarla. Con un grito aterrador, Surpanakha se arrojó sobre Sita, quien gritó de terror. Laksmana, muy rápido, se dio cuenta de inmediato del grave peligro y apenas tuvo tiempo de desenvainar su espada y ponerse entre el monstruo y Sita. Con tres precisos golpes de espada le cortó la nariz y las orejas. Surpanakha, gravemente herida, escapó gritando de dolor y de ira.

La batalla contra los 14,000 Raksasas

Sangrando y gritando como si estuviera poseída, Surpanakha corrió hacia el bosque de Janasthana, no lejos de Pancavati, y allí encontró a su hermano Khara. Tan pronto como la vio llegar en ese estado, los ojos de Khara se abrieron con violenta ira.

"¿Qué te ha pasado? ¿Quién te redujo así?" gritó él.

Con voz jadeante y sollozante, Surpanakha relató lo que había sucedido. Khara dejó escapar un grito parecido a un rugido e inmediatamente llamó a catorce valientes Raksasas, ordenándoles que mataran a esos hombres. Surpanakha llevó a los catorce demonios a Pancavati y les mostró la cabaña donde vivían los dos hermanos. Demasiados confiados en su fuerza, los guerreros se enfrentaron abiertamente a Rama y Laksmana, pero después de una corta pelea, Rama los había matado a todos.

Surpanakha, que estaba observando en secreto, regresó adonde Khara y le contó el hecho increíble que había sucedido. El poderoso Raksasa no podía creer que catorce de sus mejores luchadores hubieran caído en manos de un hombre y decidió salir personalmente al campo con todo el ejército para vengar el honor de la familia. Khara tenía un ejército poderoso, formado por catorce mil poderosos Raksasas. Su hermano Dussana también quiso participar en la pelea. El ruido de los cascos de los caballos ensordeció a todos los que vivían en los bosques circundantes.

Rama y Laksmana escucharon el rugido sordo y se dieron cuenta de que se acercaba un grave peligro. Rama ordenó a Laksmana que llevara a Sita a un lugar seguro y se preparara para la confrontación. Pronto las flechas, lanzas, hachas y muchos otros tipos de armas volaron peligrosamente hacia Rama, pero del arco del príncipe salieron miles de flechas poderosas que rompieron todas esas armas y pronto los Raksasas comenzaron a caer, por decenas y por cientos. Al poco tiempo, parecía que todos, incluidos Khara y Dussana, yacían inertes en el suelo. El silencio volvió a Pancavati. La batalla estaba ganada.

Akampana cuenta lo que le pasó a Ravana

Pero un Raksasa había logrado escapar. Su nombre era Akampana y poseía poderes místicos gracias a los cuales podía viajar por el aire a gran velocidad. Huyó a Lanka, la ciudad de Ravana.

Akampana le contó al rey todo lo sucedido y describió el asombroso poder de Rama y la belleza divina de Sita.

"Ese hombre pelea inconcebiblemente," dijo sin aliento. "Él solo pudo exterminar a catorce mil de nosotros con la fuerza y habilidad que tú conoces bien.

Fue tan rápido en la lucha que solo se veían flechas en el aire y los cuerpos de nuestros guerreros mutilados en muchas partes. Nos tomó por sorpresa, no esperábamos un guerrero así, ni pensamos que existiera entre los mortales."

Akampana se detuvo un momento para recuperar el aliento.

"Mientras luchaba," prosiguió diciendo, "vi a una mujer de indescriptible belleza escondida en las laderas del cerro cercano. Me di cuenta de que era su esposa; Surpanakha nos la había descrito. Francamente te digo que en toda la creación no existe una mujer tan hermosa. Mientras huía, no podía dejar de pensar en esa belleza celestial. ¡Y pensé que sería la compañera digna de ti y de tu grandeza! Cuando la veas comprenderás el significado de la belleza. Y cuando Rama se vea privado de su amada esposa, podremos matarlo fácilmente y vengar el insulto que nos ha hecho. Gran rey Ravana, secuestra a Sita y destruye a Rama."

Ravana va adonde Maricha

Ravana pensó durante mucho tiempo en lo que había sucedido y decidió acudir a Maricha en busca de consejo. Confiaba mucho en Maricha y cuando había situaciones de emergencia siempre acudía a él.

Maricha era el hijo de Tataka, el mismo que había perturbado los sacrificios de Visvamitra, y, se recordará que en el curso de la pelea había sido arrojado a muchas millas de distancia por un arma de Rama. Desde ese día el Raksasa se había dedicado a llevar una vida más virtuosa y se había convertido en un asceta en el bosque.

Ravana le contó toda la historia y luego le preguntó qué pensaba de la idea de secuestrar a Sita. Maricha no parecía entusiasmado en absoluto con el proyecto.

"Ya tuve la oportunidad de encontrarme con Rama en combate," dijo Maricha, "y el consejo que puedo darte es este: no lo molestes por ningún motivo, porque cuando está enojado puede destruir el mundo entero con todas las criaturas que se encuentran allí. Esto va en serio. Déjalo en paz, y también a su esposa y a su hermano. Tienes todo lo que podrías desear en la vida. No lo estropees por orgullo. Regresa tranquilamente a Lanka y disfruta de la vida en compañía de tus reinas y fieles amigos. Te lo repito, no molestes a Rama."

Maricha tenía un fuerte control sobre Ravana, quien se convenció de que esto era lo mejor que podía hacer y regresó a Lanka.

Surpanakha quiere venganza

De vuelta en el palacio, Ravana encontró a Surpanakha esperándolo. Cuando la vio herida y llorando, sintió que su pecho se hinchaba de rabia y odio hacia quien había herido a su hermana. Surpanakha, que no quería más que venganza, lloró y gritó entre sollozos.

"Todos saben que no hay nadie más valiente que tú en todos los mundos, pero parece que no quieres ayudar a tu hermana, que fue humillada y herida por dos seres humanos insignificantes. ¿Cómo puedes esperar que la gente te siga respetando si no vengas la muerte de tus hermanos Khara y Dussana? Todos pensarán que le tienes miedo a Rama y ya nadie aceptará tus órdenes. Si haces esto, en poco tiempo perderás el puesto que te has ganado con tanto esfuerzo."

Al ver la indecisión de su hermano, Surpanakha pensó en aprovechar otros sentimientos.

"Además, te aseguro que después de ver a Sita," continuó, "comprenderás lo que realmente es la belleza. Créeme. Secuéstrala, hazla tuya y venga el honor herido de tu raza."

Maricha forzado

El carácter violento y vengativo prevaleció sobre la razón y Ravana les gritó a sus asistentes que prepararan el carruaje de batalla. Así, con todo ese aparataje volvió adonde Maricha. Al verlo llegar, Maricha comprendió que se abriría un sombrío futuro de tragedia para la carrera en la que había nacido. Esta vez Ravana no había venido a pedir consejo.

"He tomado una decisión," dijo con voz autoritaria. "Secuestraré a Sita y destruiré a Rama. No soy un cobarde; soy el monarca de la raza más poderosa del mundo. Nada me asusta. ¿Por qué debería temer a cualquier hombre, por valiente que fuera, como lo es este Rama?"

Maricha hizo el último intento por salvar el día. Gracias a los poderes que había obtenido con sus austeridades, pudo ver la muerte y destrucción que causarían la estupidez y la vanidad de Ravana.

"¿Quién te ha dado un consejo tan imprudente?" le preguntó Maricha. "Un rey con malos consejeros, por poderoso que sea, está condenado a la perdición. Créeme; tocar a Rama es como tocar inadvertidamente una serpiente venenosa. La consecuencia de tal error es la muerte. No te rindas al orgullo. Vuelve a tu ciudad y disfruta de la vida."

Pero Ravana estaba decidido.

"Maricha," le dijo, "esta vez no vine a pedirte un consejo, sino a darte una orden. Tienes que ayudarme. Y quiero que sepas que si no lo haces, yo mismo te mataré. Por lo tanto, piénsalo detenidamente antes de negarte."

Maricha comprendió que todo era inútil y que Ravana no podría salvarse. Entonces, vio que su vida estaba en peligro de todos modos y que no tenía escapatoria. Pensó que era mejor ser asesinado por Rama que por Ravana.

"Estoy convencido de que estás cometiendo un grave error y pronto lo lamentarás amargamente. Pero te ayudaré. Dime qué hacer."

Ravana quería mucho a Maricha y no le hubiera gustado la idea de matarlo. Entonces, satisfecho con la decisión de su amigo, sonrió cruelmente y le dijo:

"Hoy iremos adonde estas personas. Tienes que transformarte en un maravilloso ciervo dorado, tan hermoso como nunca se ha visto en este mundo, y bajo este disfraz tienes que ser visto por Sita, quien le pedirá a Rama que te persiga y te capture. Huirás, siendo perseguido durante mucho tiempo. Cuando estés lo suficientemente lejos, debes gritar pidiendo ayuda, imitando la voz de Rama. Sita seguramente se asustará y enviará a Laksmana en su ayuda. Cuando esté sola, la secuestraré y la llevaré a Lanka. Maricha, haz esto por mí. Todo lo que quiero ahora es ver a Sita en mi poder y vengarme por el insulto que le hicieron a mi hermana, a mis parientes y a mis amigos en Janasthana."

De mala gana, Maricha aceptó, pero se sintió como un cordero entrando en la guarida de un lobo.

El ciervo dorado

Pronto llegaron a la cabaña donde vivían aquellos a quienes Ravana consideraba sus víctimas desprevenidas e indefensas. Era un día hermoso: el sol estaba alto en el cielo y el bosque estaba lleno de flores y de aromas deliciosos. Este escenario de belleza natural vio a Ravana, el ser que aterrorizó al mundo con su perfidia, llevar a cabo su vil plan. Gracias a sus poderes místicos, Maricha tomó la forma de un ciervo dorado de cuento de hadas, con una belleza tan encantadora que podría haber atraído la imaginación de cualquiera que lo mirara. Para llamar la atención de Sita, comenzó a correr alrededor de la cabaña aquí y allá y luego se detenía para correr nuevamente, mostrando sus formas perfectas. Sita lo vio y no podía creer lo que veía. ¿Cómo podría existir un animal tan hermoso? Llamó a su marido y le dijo:

"¡Rama! ¡Corre!, ¡mira ese ciervo que está allí!, ¡qué belleza! ¿No es maravilloso?"

Rama y Laksmana corrieron y admiraron al hermoso animal, pero estaban visiblemente cautelosos. Sita no tenía sospechas.

"Rama, por favor, atrápalo para mí," le pidió. "Lo tendremos aquí con nosotros, para que nos haga compañía".

Laksmana fue el más suspicaz.

"Rama, no te vayas," le advirtió. "Ese ciervo tiene una hermosura irreal, es demasiado bello para ser verdadero. Estoy seguro de que es un truco del Raksasa para dividirnos e intentar golpearnos."

Rama no parecía demasiado preocupado, al contrario, logró sonreír y le dijo:

"Quiero averiguar si esa criatura es realmente un truco del Raksasa. Si lo es, lo mataré, sea quien sea, pero si es un ciervo de verdad, tengo que atraparlo para Sita. Me voy, pero prométeme que no dejarás a Sita sola ni por un momento ni por ningún motivo. Mientras estés aquí, ella no correrá peligro, pero si la dejas sola podría ocurrir un desastre."

Tranquilizado por Laksmana, Rama corrió hacia la presa. Al verlo llegar, Maricha huyó: había logrado su objetivo. Corrió con gran agilidad a través de la densa maleza. Maricha corrió a una velocidad extraordinaria y, tratando de escapar de Rama para salvar su vida, usó sus poderes sobrenaturales. A veces se hacía invisible, otras veces reaparecía, todo con sorprendente rapidez, demasiado rápido para no despertar sospechas. Rama pensó que el ciervo estaba actuando de forma demasiado extraña para ser lo que parecía, pero quería estar seguro y corrió tras él durante mucho tiempo. Cuando estuvo seguro de que era un truco, decidió matarlo. Una flecha dura como una piedra salió disparada de su arco y dio en el blanco. Golpeado mortalmente, Maricha no pudo mantener su forma ilusoria y retomó su forma original, poderosa, gigantesca, que despertaba miedo a cualquiera que lo mirara. Con la última energía restante, gritó, imitando la voz de Rama:

"¡Ayuda! ¡Sita, Laksmana! ¡Ayuda! ¡Ayuda!"

Esos gritos fueron tan fuertes que llegaron a los oídos de Sita. Al escuchar la voz desesperada de su esposo, no pudo controlar sus emociones y se puso terriblemente ansiosa.

"Laksmana, escucha, ¡esa es la voz de Rama pidiendo ayuda! ¡Está en peligro! ¡Corre hacia él de inmediato!"

Pero Laksmana tampoco cayó en la trampa esa vez. Al igual que con el ciervo, sospechaba que se trataba de una maniobra del Raksasa.

"Sita, no tienes que preocuparte," le dijo con voz tranquilizadora. "En este mundo nadie puede vencer a Rama en un combate. Rama es invencible. No hay ningún ser que pueda siquiera preocuparlo. Estos gritos, así como la aparición del ciervo, son un truco de los Raksasas que quieren separarnos. No te preocupes. Rama volverá pronto."

Pero Sita estaba aterrorizada de que le pasara algo a su amado, y al escuchar más gritos desesperados insistió:

"¡Pero esa es la voz de Rama! ¡Él está en peligro! ¿Qué esperas para correr en su ayuda? ¿Cómo no te apresuras a salvar su vida?"

"No puedo dejarte sola en este bosque lleno de peligros," replicó Laksmana en voz baja, seguro de la invencibilidad de su hermano. "No entres en pánico. ¡Relájate! Rama me ordenó que no te dejara sola por ningún motivo. Mantente serena. Pronto lo veremos regresar sano y salvo."

Pero la tensión ya estaba más allá de su capacidad de soportar y ya no podía tolerarla. En repetidas ocasiones pidió, ordenó, suplicó a Laksmana que se apresurara a ayudar a Rama, pero él había entendido el truco y se negó rotundamente. Una rabia sorda inundó el corazón asustado de Sita.

"Así que esperas que Rama muera, ¿verdad? Por eso viniste al bosque con nosotros. Ahora entiendo tu plan. Has estado esperando un momento como este. Solo quieres que Rama muera para tomarme como esposa. Pero quiero que sepas que si a él le pasa algo me mataré y serás el responsable de nuestras muertes."

Sita realmente no pensaba lo que estaba diciendo. Dijo esas palabras injustas y crueles solo para que Laksmana corriera en ayuda de Rama. Y tuvieron el efecto deseado. Profundamente impresionado por lo que era el valor más alto en su vida, el amor y la lealtad a su hermano, Laksmana se sintió herido.

"No sé cómo pudiste haber dicho palabras tan crueles y falsas," dijo enojado. "No sabes cuánto me has lastimado. ¿No te das cuenta del peligro que corres si te dejo sola aquí?"

Laksmana deja a Sita sola

Pero Sita insistió y volvió a acusarlo con dureza. Lleno de dolor y de ira, Laksmana decidió que tenía que irse.

"¡Que así sea! Iré a buscar a mi hermano al bosque. Desobedeceré sus órdenes sabiendo que estás en grave peligro. Pero escúchame: crearé un círculo mágico a tu alrededor, a través del cual nadie podrá pasar. Esto te protegerá. Prométeme que no dejarás que nadie pase ni cruce este círculo por ningún motivo."

Sita, presa de la ansiedad, le dio todas las garantías que pidió. Después de trazar el círculo mágico, Laksmana partió en busca de Rama.

Ravana secuestra a Sita

Era el momento que Ravana estaba esperando.

Sin perder tiempo, tomó la forma de un asceta y cantó mantras en alabanza a Shiva y se dirigió a la choza donde estaba Sita. Sita lo vio venir, pero no sospechó. Un viejo asceta cantando oraciones a Shiva era un encuentro común en el bosque. Mientras se acercaba, Ravana quedó deslumbrado por la belleza de Sita y su lujuria se encendió. Pero en algún momento, inexplicablemente, notó que no podía continuar. El círculo mágico creado por Laksmana le impidía aproximarse. No importaba cuánto empujara con todas sus fuerzas, no lograba avanzar. Una ira violenta estalló en su corazón, pero la controló. Sita vio al viejo asceta visiblemente cansado y pensó que podría estar hambriento: no podía sospechar quién era en realidad. Conmovida por la lástima, decidió llevarle comida y agua yendo más allá del círculo mágico.

"¿Quién eres y qué haces por aquí sola en este bosque infestado de caníbales? No sabes el peligro que corres," le dijo el asceta.

"Santo señor," respondió Sita en voz baja. "No nací en el bosque, ni soy hija de ningún asceta. Tampoco estoy sola. Mi esposo fue a cazar un ciervo maravilloso y pronto regresará con su hermano. Soy hija de un rey, al igual que mi esposo. Hemos estado exiliados en el bosque durante catorce años. Por eso estoy aquí ahora sola en este bosque peligroso."

"Tu belleza es incomparable," continuó Ravana, "y ni los mejores poetas podrían describirla. Una mujer como tú no debería vivir ni por un momento en un lugar tan miserable."

Sita pensó que esas palabras sonaban algo extrañas en la boca de un asceta y comenzó a sentirse incómoda. Ese anciano emanaba un aire de extrema dureza y negatividad. Él respondió que era el deber de toda esposa casta seguir a su marido cualquiera que fuera su destino. Para entonces, el asceta casi se reía. Continuó diciéndole:

"Cuando el esposo cae en desgracia, como tu Rama, debe ser abandonado. La vida está hecha para probar sus delicias. ¿Qué felicidad puede ofrecerte ahora ese pobre príncipe? Te mereces mucho más: mereces ser la reina del rey más grande de la tierra."

"¿Qué dices?" respondió Sita indignada. "La máxima perfección de una mujer casta y honesta es permanecer fiel a su marido en todas las circunstancias; cuando todo va bien, pero también, y quizás sobre todo, cuando las cosas van mal. Nunca traicionaría a Rama por nada ni por nadie en el mundo."

En ese momento Sita comprendió que había caído en una trampa. Mentalmente le pidió perdón a Laksmana y ayuda a Rama. Ravana miró a Sita con severidad.

"No soy un pobre asceta; soy Ravana," aseveró, "el rey de la raza más poderosa del universo. Quiero que te conviertas en mi reina, y lo quieras o no, así será."

Con eso dicho, el Raksasa reasumió su verdadera forma. Sita, al verlo tan majestuoso y poderoso, se estremeció. A esas alturas había comprendido todo el engaño. Ella comenzó a gritar y a correr, pero Ravana la agarró y la arrojó a su carro, que estaba escondido cerca. Sita estaba gritando, llorando, tratando de convencer al malvado rey de que la dejara, que no se la llevara, pero fue en vano. Ya nadie podría ayudarla. El carro se elevó hacia el cielo y partió a gran velocidad. La pobre Sita estaba desconsolada y aterrorizada. ¿Qué sería de ella?

Jatayu es derrotado por Ravana

El viejo buitre Jatayu, el querido amigo de Rama, vio toda la escena y, en cuanto el carro estuvo en el cielo, atacó, aunque sabía que estaba intentando una empresa desesperada. En un intento generoso e inútil de liberar a Sita, Jatayu atacó al invencible Raksasa. Y luchó con gran valor, matando al auriga y las mulas mágicas que tiraban del carro, y destruyendo el carro mismo. Incluso logró lastimar a Ravana. Pero la furia de Ravana se encendió como el fuego de la disolución universal. Agarró furiosamente su espada y con vigorosos golpes le cortó las piernas y las alas al pobre Jatayu, quien cayó al suelo mortalmente herido. Ya nadie podía luchar contra él. Con el carro destruido, Ravana se llevó a Sita en vuelo.

Desesperada, Sita lloró y se lamentó por la muerte de Jatayu y por su cruel destino.

Sita deja huellas

Poco después, mientras viajaba por el cielo, Sita vio unas figuras que desde el suelo observaban la curiosa escena del gigante Raksasa llevándose a una joven que lloraba. Pensando en dejar algún rastro que pudiera servir de señal para cuando Rama la buscara, dejó caer algunas telas y unas pulseras.

Rama y Laksmana entienden el engaño

¿Qué hizo Rama?

En ese momento él entendió el vil engaño y le preocupaba que su hermano pudiera ser engañado por los falsos gritos de Maricha, dejando a Sita imprudentemente sola. Mientras volvía rápidamente sobre sus pasos, vio a su alrededor señales que presagiaban una tragedia. Cuando en el camino se encontró con su hermano, quien corría igualmente frenéticamente, sus temores se convirtieron en una agonizante realidad.

"Laksmana, ¿qué estás haciendo aquí?" le gritó. "¡Te dije que no dejaras a Sita sola!"

Laksmana contuvo el aliento y le contó lo que sucedió cuando Sita escuchó los gritos y le aseguró que la había dejado protegida dentro de un círculo mágico. Quiso tranquilizar a Rama aunque fuera momentaneamente, ya que él también sabía lo que sucedería si a Sita la engañaban y la sacaban del círculo.

Ambos desesperados, corrieron con toda la fuerza que tenían en sus piernas. Al llegar a la cabaña la encontraron desoladamente vacía y alrededor había claros signos de lucha. A esas alturas, sus temores más oscuros se habían convertido en una realidad desesperada: Sita había sido secuestrada, o tal vez incluso asesinada.

Los dos hermanos buscaron ansiosamente por todas partes: en el arroyo, en el bosque, en los claros, en los lugares favoritos donde Sita iba a menudo. Pero muy pronto perdieron su optimismo: Sita había sido secuestrada por los Raksasas. Rama estaba conmocionado, ya no podía mantener su mente bajo control, sus ojos vagaban rápidamente por todas partes, con la vana esperanza de ver a su amada.

"Mi querida Sita," gimió. "¿Dónde estarás ahora? Quién sabe qué ser maligno la habrá secuestrado. Y quién sabe si seguirá viva."

Todos los sentimientos de sufrimiento por la separación de su pareja se desataron en su corazón.

"¿Cómo me las arreglaré ahora sin su sonrisa que, como la luz, ilumina hasta la más terrible oscuridad de un destino adverso? ¿Y quién me hablará con la misma voz clara, diciéndome palabras cariñosas llenas de profundo amor? Soy el culpable de todo esto: no debí haber permitido que ella me siguiera aquí, a este áspero bosque desprovisto de todo consuelo y lleno solo de Raksasas y animales salvajes. Solo por mi egoísmo le permití que me siguiera", pensó.

Laksmana también estaba desconsolado, y cuanto más veía a su hermano llorar y quejarse, más culpable se sentía. Él trató de consolarlo.

"La encontraremos. Verás que la encontraremos. Sigamos buscando. No te desanimes. Verás que la encontraremos."

La muerte de Jatayu

En su búsqueda desesperada llegaron al lugar de la pelea entre Jatayu y Ravana. Allí vieron los restos del carro y los cuerpos de las mulas y del auriga, mutilados en muchas partes. Más allá vieron al moribundo Jatayu. Al darse cuenta de que había intentado en vano defender a Sita, Rama y Laksmana se inclinaron tristemente sobre su querido amigo. Rama lo llamó con una voz amorosa:

"Jatayu, amigo mío, ¿quién te ha hecho esto? ¿Fue el mismo que secuestró a mi Sita? ¿No? Dime, ¿sigue viva?"

Jatayu estaba muriendo. Contestó con voz débil:

"Fue Ravana...," dijo con lo último que le quedaba de fuerzas, "el rey de los Raksasas... él mismo. Te fuiste ... y secuestró a Sita ... Traté de defenderla, pero soy demasiado mayor."

Rama le sonrió con ternura y lo acarició.

"Amigo mío, nunca podré devolverle el servicio que me has prestado. ¿Viste adónde iba y si todavía está viva?"

"Sita está viva...," dijo Jatayu, "no te preocupes... no la matará. Fueron al sur ... al sur .... "

Hizo una pausa por un momento para recuperar el aliento.

"Sita estaba llorando ... y llamándote ... pero no te desesperes ... pronto la encontrarás ... bendíceme ... que en este último instante de mi vida pueda lograr el objetivo final, la perfección de la existencia. .. Rama."

Diciendo el santo nombre de Rama, Jatayu expiró.

Entristecidos por la muerte de su querido amigo, los dos hermanos celebraron el funeral según las tradiciones védicas. Luego caminaron hacia el sur, buscando a Sita.

Ayomukhi

Entraron en el bosque de Krauncha lleno de peligros de todo tipo. Ese mismo día se toparon con Ayomukhi, una horrible Rakshasi que, al ver a Laksmana tan hermoso, se enamoró de él y trató de obligarlo a casarse con ella. Pero Laksmana había perdido el impulso de bromear con las mujeres, agarró la espada y le cortó la nariz, las orejas y los senos. Ayomukhi huyó gritando furiosamente.

Kabandha dirige a Rama hacia los Vanaras

Caminando rápidamente por el bosque sombrío, Rama y su hermano menor tropezaron con otro terrible Raksasa. Era alto como una montaña y su voz parecía provenir de las profundidades de una cueva. No tenía cabeza, y la boca grande estaba en medio de su pecho gigantesco, sobre el cual brillaba un ojo grande como una brasa ardiente. Cuando llegaron, el monstruo estaba comiendo leones, osos y varios tipos de aves. Sus brazos eran muy largos y era aterrador de solo mirarlo.

Kabandha, como se llamaba el Raksasa, vio a los dos hermanos y extendió los brazos para agarrarlos. Tomados por sorpresa, los dos no pudieron defenderse y se vieron arrastrados casi terminando en la boca del monstruo. Muy rápido, lograron desenvainar sus espadas y con unos poderosos golpes le cortaron los brazos.

Sin poder hacerles daño ni defenderse, Kabandha miró a los dos hermanos y, en voz baja y jadeante, se volvió hacia ellos.

"Rama, quiero contarte por qué caí en esta horrible condición de vida. Escúchame con atención:

"Hace algún tiempo, gracias a rigurosas austeridades, satisfice a Brahma, y él me bendijo con una larga vida. Por esta bendición que me hizo invencible, desafié a Indra. Durante la pelea, él destruyó mi cabeza, mis brazos y mis piernas, pero no pudo matarme. Entonces me dio estos brazos que me cortaste hoy, puso este ojo y esta boca en mi pecho y me dijo:

"Cuando Rama y Laksmana te corten estos brazos y te maten, recuperarás tu apariencia original".

Así que he vagado por los bosques y he disfrutado asustando a los sabios con este cuerpo horrible. Pero un día el Rishi Sthulashira se enojó y me maldijo diciéndome:

"Mantendrás esta horrible forma para siempre".

Me sentí aterrorizado y le pedí perdón. Entonces, me dijo que recuperaría la hermosa forma de mi cuerpo original cuando Rama y Laksmana quemaran tu cuerpo.

Aranya Kanda

Ahora, sé misericordioso con mis sufrimientos y dame la oportunidad de regresar gloriosamente a los planetas celestiales de donde vengo. Quema este cuerpo y te daré instrucciones para encontrar a tu Sita."

Sorprendido de que el Raksasa supiera acerca de Sita, Rama y Laksmana hicieron lo que les pidió. Tan pronto como el cuerpo fue incinerado, Kabandha apareció en su forma celestial original. Y, lleno de gratitud por quienes le habían devuelto la alegría de vivir, les habló con las siguientes palabras:

"Sé cuánto están sufriendo por el secuestro de Sita," dijo. "Si quieren encontrarla, tendrán que aliarse con el rey de los hombres-monos, los Vanaras, y seguramente la encontrarán. Sigan mis instrucciones y encontrarán la colina Rishyamukha. Su jefe vive allí, su nombre es Sugriva."

Después de decir esas palabras, Kabandha desapareció. Los dos hermanos caminaron hacia la colina Rishyamukha.

Kiskindha Kanda

La primavera sin Sita

Había llegado la primavera. Había un delicioso perfume en el aire; era una mezcla de los olores de numerosas flores que se dejaban sentir en esas estaciones. Las cosas parecieron volver a la vida y al color. Los arroyos, ¡había tantos en el bosque! bajaban gentilmente ofreciéndoseles a todos. Todo parecía alegre, sereno, los desesperados recuperaron la esperanza y los sufridos la serenidad. Durante la primavera, la naturaleza creció en belleza y encanto.

Rama no fue inmune a esa atracción. La sensación de la falta de Sita era tan intensa que su aguda sensibilidad recordaba todo sobre ella. La región del lago Pampa era hermosa durante la primavera. Admirando las bellezas de la naturaleza, Rama deambuló, inmerso en pensamientos profundos. Estaba triste; cuánto deseaba que Sita estuviera allí con él. Durante unos días los dos príncipes vagaron por el lago.

Luego fueron al bosque de Rishyamukha. Allí vivían aquellos a quienes el destino insondable había designado como sus futuros aliados, los Vanaras, una poderosa raza de hombres-monos. Sabían que no tendrían que buscar demasiado, que los encontrarían. De modo que vagaron sin rumbo fijo a la sombra de árboles centenarios.

Kiskindha Kanda

Los Vanaras

Su hipótesis era correcta. Los Vanaras, siempre alertas, ya los habían visto. En ese momento, el propio Sugriva los estaba mirando secretamente. Después de haberlos examinado suficientemente, se retiró y convocó al concejo de ministros. Sugriva estaba visiblemente preocupado y comentó:

"¿Han visto a esos dos extraños? Su porte es como el de los kshatriyas, que son guerreros nobles y orgullosos. Seguramente también serán valientes en el combate. ¿Podrían ser hombres de Vali que han venido a matarme?"

Jambavan habló primero:

"No estamos seguros de si son enemigos, así es que no hay necesidad de alarmarse antes de tiempo. Creo que deberíamos enviarles a alguien para averiguar sus intenciones."

Hanuman aceptó la propuesta de Jambavan y dijo:

"Él tiene razón. No hay por qué tener miedo. Yo mismo puedo acudir a donde esos dos jóvenes guerreros para tratar de conocer sus verdaderas intenciones."

Hanuman conoce a Rama

Con la aprobación de todos los demás, y habiendo asumido la forma de un asceta, Hanuman se dirigió al lugar donde estaban Rama y Laksmana. Los saludó.

"¿Cómo estás?" preguntó. "Espero que todo vaya bien en tu vida y que la suerte siempre te sonría."

Rama le ofreció respetuosas reverencias a quien creía ser un asceta y le respondió que la suerte no había sido muy amable con ellos en los últimos tiempos.

"¿Quién eres tú?" Hanuman prosiguió. "¿De qué familia vienes? ¿Qué estás haciendo en estas colinas, hogar del noble Vanara que es guiado virtuosamente por el valiente Sugriva?"

"Mi nombre es Rama," respondió, "y este es mi hermano Laksmana. Somos príncipes en el exilio y nuestro padre era el rey de Ayodhya, Dasaratha. Estamos aquí para conocer a Sugriva y hacernos sus amigos. ¿Lo conoces? ¿Sabes donde está?"

Cuando Hanuman escuchó que ese joven noble que estaba frente a él era el famoso Rama del que había oído hablar tantas veces y a quien adoraba en secreto como su deidad, no pudo contener más su alegría. Abandonó la apariencia de un asceta, recuperó sus rasgos naturales y se arrojó a los pies de Rama.

"Finalmente he llegado a conocerte, a mirarte, a escuchar tus palabras. Soy Hanuman, uno de los asistentes de Sugriva. Él está aquí en este bosque por miedo a su hermano y siempre desconfía de los que no conoce. Ven, te llevaré con él."

Rama sonrió de buena gana. Estaba feliz de haber encontrado a Sugriva tan pronto. Aún calmaba a Hanuman.

"No tienes que tenernos miedo. No somos los matones de nadie. Solo hemos venido para hacernos amigos de tu rey."

El pacto con Sugriva

Satisfecho y ya convencido, Hanuman condujo a los dos hermanos por un pasadizo secreto hasta el escondite de Sugriva. El príncipe y el Vanara hicieron un pacto de alianza, prometiéndose ayuda mutua. Rama, intrigado por la situación de miedo en la que vivían Sugriva y sus poderosos aliados, tenía curiosidad por saber la razón.

"¿Por qué huiste de tu reino?," Rama le preguntó. "¿Por qué te escondes? ¿Y por qué le tienes miedo a tu hermano Vali? Ustedes son todos muy fuertes y valientes; ¿quién es ese Vali que puede aterrorizarte tanto?"

Sugriva contó su triste historia.

La historia de Vali

"Una vez mi hermano Vali, a causa de una mujer, se enfrentó a un demonio llamado Mayavi. ¿Sabes quién era Mayavi? Su padre fue el gran arquitecto de los Asuras, Maya Danava. Mayavi decidió vengarse del insulto y desafiar a Vali a duelo para matarlo. Un día llegó a las puertas de la ciudad y rugió ferozmente, gritando furiosos insultos contra mi hermano. Vali, que nunca ha sido capaz de tolerar las ofensas y siempre ha tenido mal genio, salió corriendo, sin dejarse intimidar por la fuerza del oponente. Lo seguí para ayudarlo. Cuando Mayavi vio que éramos dos, prefirió huir.

Lo perseguimos, y aunque corría muy rápido, no lo perdimos hasta que entró en una cueva oscura y profunda. Nos detuvimos, por miedo a entrar. Pero había que matar al Asura, de lo contrario, siempre habría sido una espina clavada en nuestro costado. Vali me dijo valientemente que me quedara vigilando la entrada a la cueva: él iría solo a buscar y matar al demonio.

Temí por su vida, pero Vali no escuchó ninguna razón. Si le sucedía algo, el reino de Kiskindha tendría que tener otro rey. Y entró en la cueva oscura.

Pasó mucho tiempo y Vali no regresó. Pasó todo un año en angustia cuando, saliendo de las entrañas de la cueva, escuché gritos furiosos y rugidos similares a los de un león gigante. Vi un chorro de sangre fluir desde la entrada de la cueva. Presa del pánico, pensé que Vali había sido asesinado y que debería pensar en la seguridad del reino. Así que tomé una enorme roca y cerré la entrada de la cueva. De regreso en Kiskindha, lloré a mi hermano por muerto y celebré su funeral. Así que me convertí en rey.

Pero Vali no estaba muerto: en realidad había ganado el duelo y la sangre que vi era de Mayavi. Después de haberlo matado, Vali regresó a la salida de la cueva y la encontró bloqueada. Con gran esfuerzo logró mover la roca y corrió hacia Kiskindha. Una sospecha se había apoderado de su mente: Pensó que lo había traicionado tratando de impedir que saliera de la cueva para yo disfrutar de su reino. Me encontró en el trono y en ese momento, su ira explotó y abiertamente me acusó de traición. Me echó del reino y me amenazó diciéndome que si me volvía a ver me mataría. Así que me refugié aquí donde Vali no puede venir.

"No puedo hacer nada contra él," continuó diciendo Sugriva. "Vali es demasiado fuerte. Ninguno de nosotros puede desafiarlo. Por eso nos escondemos aquí, en este lugar prohibido para él."

"¿Por qué dices que Vali no puede venir aquí?" preguntó Rama. "¿Qué tiene de particular este lugar para él?"

Sugriva le contestó:

"Antes de la batalla con Mayavi, Vali había luchado con el hermano del demonio, Dundubhi, y lo había matado. Ese Asura había tomado la forma de un búfalo gigantesco, y, orgulloso de su extraordinaria fuerza física, vagaba por el mundo en busca de un oponente digno de enfrentarse con él. Cuando él fue a la montaña del Himalaya para desafiar a Himavat, la divinidad que predominaba allí, se oyó decir:

"Oh, gran Asura, no puedes encontrar un oponente porque eres demasiado fuerte. Tampoco quiero luchar contra ti porque por naturaleza soy pacífico y amparo a los sabios y a los de mi propia naturaleza. Pero puedo darte un consejo: en este mundo hay un oponente digno para ti y es Vali, el hijo de Indra. Asegúrate de que apaciguará tu deseo de luchar."

Sugriva continuó diciendo:

"Entonces Dundubhi corrió hacia Kiskindha y desafió al invencible Vali, quien lo mató, y con furia lo arrojó a muchas millas de distancia. Mientras el cadáver del demonio-búfalo volaba por el aire, unas gotas de sangre cayeron en la ermita del sabio Matanga. Entonces, el cadáver cayó cerca. Molesto por el ruido, el sabio salió y vio el cuerpo.

"¿Quién habrá arrojado este cadáver junto a mi ashrama?" se preguntó Matanga. "¿Quién lo habrá contaminado irreparablemente de esta manera?"

En meditación vio lo que había sucedido y supo que era culpa de Vali. Enojado, maldijo a Vali diciendo:

"Si ese mono alguna vez pone un pie en este lugar, morirá instantáneamente."

Sugriva continuó su discurso:

"Matanga cambió de ermita. Por eso Vali no se atreve a venir aquí. Conoce bien el poder espiritual de Matanga. Así que estoy a salvo en este lugar.

Ahora te llevaré a ver lo que queda del cadáver de Dundubhi, para que puedas darte cuenta de lo fuerte que es Vali."

El grupo partió y en pocos minutos llegaron a las inmediaciones de lo que antes era la ermita de Matanga. No muy lejos, vieron el enorme cadáver del demonio. Rama se acercó. Necesitaba la ayuda de Sugriva para encontrar a Sita, y para eso tenía que ayudarlo contra Vali. Sin embargo, era necesario convencerlo de que era capaz de matar al muy poderoso Vanara. Sin ningún esfuerzo, tocó esa montaña de huesos con el dedo gordo de un pie. Y como por arte de magia se desprendió del suelo y voló por el aire a una distancia de muchos kilómetros. Sugriva sonrió complacido. Pero no estaba convencido.

"Querido amigo," dijo con una gran sonrisa, "con esto me has dado una prueba de tu gran fuerza, pero cuando Vali arrojó el cuerpo al aire, el cuerpo estaba lleno de carne y entrañas. No te ofendas, por tanto, si te pido otra muestra de tu valor."

Con serena solemnidad, el príncipe Rama sacó una flecha de su carcaj y apuntó en dirección a siete enormes árboles ascendentes. La flecha se fue, atravesó los árboles, entró en la tierra y alcanzó los planetas Patala. Después de una hora, la flecha volvió al carcaj. Sugriva estaba asombrado y al mismo tiempo lleno de una alegría incontenible. Ahora estaba seguro de que Rama podría derrotar a Vali.

"Rama," dijo Sugriva con ojos brillantes de alegría, "te lo pido por favor, mata a Vali y devuélveme la serenidad que he perdido. A cambio, te prometo que te ayudaré a encontrar a Sita."

El chal de Sita y la batalla entre Sugriva y Bali

Uno de los Vanaras que estaba en el grupo le entregó a Sugriva un chal y otros artículos. Se los dio a Rama.

"¿Son estos de Sita?" preguntó.

Al ver el chal y el brazalete de su amada, Rama los agarró y estalló en un grito de alegría, presa de una emoción muy fuerte.

"¿Cómo conseguiste estas cosas? ¡Son el chal y las pulseras de Sita!"

"Una noche estábamos en un claro no muy lejos de aquí," dijo Sugriva, "cuando vimos una figura enorme en el cielo sosteniendo a una mujer joven que estaba llorando y luchando desesperadamente. Cuando nos vio, nos arrojó estos objetos que recogimos y conservamos. Inmediatamente después de tú contarme tu historia, me di cuenta de que le pertenecían."

Así se selló definitivamente la alianza entre los dos.

Juntos prepararon el plan para desafiar y derrotar a Vali.

"Mi hermano es demasiado fuerte para ser tratado con justicia," dijo Sugriva de inmediato. "Tenemos que buscar la manera de no encontrarnos cara a cara con él."

"Tengo una idea," replicó Rama. "Podríamos hacer eso. Lo desafiarás a un combate. Yo me esconderé cerca y mientras tú luchas, cuando él se distraiga, lo golpearé."

Rama vio en el rostro de Sugriva el terror de tener que enfrentarse a su hermano, aunque fuera por unos minutos.

"No temas por tu vida. No te traicionaré; intervendré pronto," le aseguró.

Sugriva no estaba nada entusiasmado con el plan, pero tenía plena fe en Rama, por lo que aceptó la idea y se fueron de inmediato a la ciudad. Cuando llegaron, Sugriva pasó por debajo de los muros y comenzó a gritar llamando a su hermano y desafiándolo a un duelo. Vali escuchó los gritos y se sorprendió por su temeridad. Salió corriendo del edificio y fue hacia Sugriva. Rama, escondido detrás de un árbol, observó la escena. Inmediatamente admiró la figura alta, ágil y poderosa de Vali y lamentó tener que matarlo.

Los dos hermanos se lanzaron uno contra el otro y lucharon furiosamente, sin límites. Rama colocó inmediatamente una flecha en el arco, pero no podía distinguir a uno del otro porque eran muy parecidos. Prefirió no arriesgarse a cometer un error fatal.

Mientras tanto, Sugriva no estaba bien y se preguntaba qué esperaba Rama para intervenir. Herido, sangrando, maltratado, y, como de costumbre derrotado por su hermano, Sugriva no pudo aguantar más y se retiró. Al llegar al escondite de Rama, Sugriva estaba visiblemente aterrorizado. Estaba jadeando.

"¿Pero, qué pasó?" cuestionó. "¿Por qué no interviniste? Vali casi me mata."

"No pude hacer nada," respondió el príncipe. "Ustedes son tan similares entre sí que me fue imposible distinguirlos. Pon esta guirnalda alrededor de tu cuello y vuelve a desafiar a Vali. Esta vez intervendré de inmediato."

La muerte de Vali

Sugriva, con la gran corona alrededor de su cuello, volvió a retar a su terrible hermano para pelear. Los dos poderosos guerreros levantaron enormes nubes de polvo y la sangre se esparció por todos lados. Pero entonces, ya Rama podía distinguir quién era quién: volvió a colocar la flecha en su arco y esta vez la soltó. Vali fue perforado en el pecho y cayó al suelo, débil, agonizante.

Lentamente, Rama y Laksmana caminaron hacia donde yacía el valiente guerrero y lo saludaron.

En la ciudad la noticia se esparció como fuego en un pajar y miles acudieron a presentar sus últimos respetos al rey moribundo.

"Sólo de esta manera injusta se podría matar a Vali," susurró alguien. "Vergüenza y deshonra para quienes idearon un plan tan vil."

Vali abrió los ojos y vio los hermosos y dulces ojos de Rama.

"Te conozco ... sé quién eres ... tu fama es clara e impecable ... siempre supe que eras un príncipe lleno de virtudes ... ¿cómo pudiste golpear a un oponente así ... traicioneramente?"

Rama no respondió. Y el valiente Vanara, respirando con dificultad, volvió a hablar.

"A pesar de lo que has hecho, tengo fe en ti. Te encomiendo a mi esposa ... Tara ... y a mi hijo Angada ... protégelos, cuídalos ... después de mi muerte."

Así murió el gran Vali, llorado por todos los justos.

En su honor se realizaron respetuosos ritos funerarios.

Sugriva coronado rey

Sugriva fue nombrado rey de Kiskindha y Angada, el hijo de Vali, príncipe regente. Después de las ceremonias, los dos invitaron a Rama a visitar la ciudad, pero él rechazó la invitación diciendo:

"Queridos amigos, lamento no poder aceptar su invitación, pero la promesa que le hice a mi padre me impide visitar cualquier ciudad antes de que finalicen los catorce años. Por eso prefiero vivir en alguna cueva cercana. Se acerca la temporada de los monzones. Cuando termine, comenzaremos la búsqueda de Sita, como hemos quedado."

Rama y Laksmana encontraron una cueva adecuada a sus necesidades. Sugriva entró en la ciudad y se entregó a una loca alegría para celebrar el trono conquistado. Después de tantos sacrificios quiso disfrutar de los placeres de la vida, y no notó el inexorable paso del tiempo.

Kiskindha Kanda

El tiempo tortura a Rama

Para Rama, sin embargo, el tiempo pasó lenta y dolorosamente. El pensamiento de Sita lo perseguía y no lo abandonaba ni un solo momento.

Luego vino la temporada de lluvias.

Y también terminó la temporada de lluvias. Llegó el otoño y la naturaleza, saciada por el agua vivificante, floreció en toda su belleza. Viviendo entre tanta belleza, Rama sintió aún más el dolor de la ausencia de su amada.

No se había vuelto a oir de Sugriva. Embriagado por el poder y el disfrute de los sentidos, parecía haber olvidado las promesas hechas y el voto de gratitud hacia quien le había dado esas opulencias. Rama comenzó a inquietarse y enojarse.

"Laksmana, Sugriva no ha vuelto a aparecer. No quisiera que haya olvidado su promesa. Le devolví el reino y la vida, matando a Vali sin exigir nada para mí, y ahora él está disfrutando de la vida, sin preocuparse por mi sufrimiento. Ve y recuérdale a quién debe agradecer todo lo que tiene. Dile que no puedo soportar más el dolor de estar separado de Sita."

Mucho más enojado que su hermano por el comportamiento de Sugriva, Laksmana se apresuró a llegar a la cercana Kiskindha. Su rostro no presagiaba nada bueno para los Vanaras: parecía alguien dispuesto a destruir el mundo entero.

Al verlo en esa actitud, los Vanaras que lo reconocieron temblaron de miedo y temieron por la vida de su rey y por el bien del reino. Alguien lo precedió y le anunció a Sugriva que Laksmana venía con el ceño fruncido. Cuando llegaron los mensajeros, estaba borracho y acostado en la cama con su esposa. Pero cuando se enteró de la llegada del enfurecido Laksmana, saltó de la cama atemorizado y corrió a su encuentro. Cuando lo vio, se sonrojó violentamente.

"Veo que estás muy enojado," le dijo, "pero no he olvidado la promesa que le hice a Rama. ¿Cómo podría? Le debo todo lo que tengo. Envié a mi general Nila a reunir nuestros ejércitos. Llegarán pronto y encontraremos a Sita. No pienses mal de mi. No soy un ingrato."

Pronto empezaron a llegar muchos Vanaras de todo el mundo. Eran tantos que parecían las olas del mar o muchos ríos inundados. Todos eran guerreros muy valientes y fieles a la misión de su rey. Era imposible contarlos, ni tener una idea de su número. Entonces Sugriva fue adonde Rama y le pidió perdón por la tardanza. Mientras los dos hablaban, innumerables Vanaras continuaron llegando.

Buscando a Sita

Ahora había que buscar el reino de Ravana, donde Sita estaba prisionera. Sugriva reunió a sus combatientes.

Dividió el ejército en cuatro partes y envió el primer contingente, dirigido por Vinata, al norte.

Al este envió un segundo contingente dirigido por Sushena.

Al oeste, mandó un gran ejército dirigido por Shatabali.

Kiskindha Kanda

Hacia el sur, en cambio, salió un batallón dirigido por Hanuman, Nila y Angada.

Sugriva les recomendó a todos que regresaran dentro de un mes, advirtiéndoles que, cualquiera que no regresara a tiempo sería severamente castigado.

Antes de partir, Rama se reunió con los jefes de la misión. Quería hablar con ellos, animarlos, aconsejarles que se dieran prisa, que hicieran lo mejor que pudieran.

"Mi felicidad y mi futuro," les dijo, "están en sus manos. Que la suerte los ayude."

Rama miró a Hanuman, por quien sentía un cariño especial. Luego le contó varias historias, la del nacimiento de Sita, la de su vida y muchas otras.

"Pongo mi confianza especialmente en ti," le dijo. "Toma este anillo y cuando encuentres a Sita enséñaselo. Por este signo entenderá que eres verdaderamente mi corresponsal. Cuéntale las historias que te he contado. Ella confiará en ti y tú le darás valor. Ve rápido, vete ahora y vuelve con buenas noticias."

Hanuman rindió respetuosas reverencias a los pies de Rama. Con gran clamor, los ejércitos se fueron.

Cuando instruyó a sus Vanaras sobre los lugares adonde deberían ir, Rama se dio cuenta de que Sugriva había demostrado un conocimiento geográfico perfecto de todo el planeta. Tenía curiosidad por saber cómo lo había adquirido.

"Cuando Vali me echó del reino," respondió Sugriva, "huí por miedo a que me mataran y él me persiguió por todo el mundo. Fue entonces cuando, por la fuerza de las circunstancias, aprendí a conocer este mundo."

Comenzaron a esperar ansiosamente el regreso de los ejércitos, esperando buenas noticias.

El viaje del grupo de Hanuman

Después de un mes, Vinata regresó del norte sin encontrar ningún rastro de Sita. Después de esto Sushena y Shatabali regresaron, con el mismo resultado.

Pero sigamos al grupo de Hanuman y Angada en su viaje hacia el sur.

Los Vanaras procedieron rápidamente, atravesando montañas y valles, encontrando ermitas y encontrando muchas aventuras. Un día, Angada mató a un demonio creyendo que era Ravana.

El mes estaba llegando a su fin y empezaron a temer el castigo que Sugriva había amenazado con infligirles si llegaban tarde. El tiempo se agotaba inexorablemente, pero no querían darse por vencidos, querían encontrar a Sita.

Buscaron enérgicamente por todas partes, sin un momento de descanso, sin comer, sin darse un respiro.

Un día en una cueva se encontraron con un asceta llamado Svayamprabha.

En esos días terminó el mes. Estaban en las laderas de una montaña rocosa y debajo de ellos había otro valle más.

Angada miró a sus compañeros. Estaba desanimado.

"Amigos míos," dijo, "el mes terminó y ustedes saben lo cruel que es Sugriva. Nos castigará severamente por llegar tarde. No nos dejará vivir después de desobedecerle. ¿Recuerdan con qué maldad y con qué traición hizo matar a mi padre? No podremos encontrar a Sita. Y en lugar de ser castigado y asesinado por él, prefiero ayunar hasta la muerte. No podremos encontrar a Sita. Para nosotros no hay esperanza. Prefiero morir aquí."

Hanuman instó a los Vanaras a continuar la búsqueda sin caer en la desesperación pero, cansado y desanimado, el Vanara no lo escuchó. Angada y otros comenzaron el ayuno.

Sampati ayuda a los Vanaras

Un buitre gigantesco llamado Sampati vivía en la cima de la montaña. Al ver a los Vanaras prepararse para ayunar hasta morir, agradeció a la providencia por haberle enviado tanta comida sin ningún esfuerzo. Salió de su cueva y observó el ayuno de los Vanaras, esperando su muerte.

Sampati era el hermano mayor de Jatayu, que había muerto tratando de proteger a Sita. ¿Recuerdan?

Angada vio al gran buitre y empezó a quejarse.

"Amigos, miren ese buitre. Pronto comerá nuestras carnes. Pero también debemos estar dispuestos a entregar nuestra vida para servir a Rama. ¿Te acuerdas de Jatayu en Pancavati? Sacrificó su vida para servir a Rama. Ánimo, entonces: afronta la muerte como un héroe."

Sampati escuchó el nombre de su hermano y solo entonces se enteró de su muerte.

"Príncipe, mi nombre es Sampati," le dijo en alta voz a Angada. "Ese Jatayu que mencionaste antes era mi hermano menor. Te escuché decir que murió. Cuéntame cómo sucedió. Dime quién es esa persona por la que sacrificó su vida y cómo lo conociste".

Sampati ya no tenía alas y se movía con dificultad. Angada y los demás se mostraron cautelosos. ¿Era realmente el gran buitre, el hermano de Jatayu?

"Ayúdame a llegar a donde ti," dijo tratando de bajar. "Mis alas fueron quemadas por los rayos del sol y desde ese día se me dificulta moverme."

Los Vanaras sospecharon que podría estar mintiendo para comérselos antes de que murieran, pero decidieron ayudarlo a bajar de todos modos. Al descender entre ellos, Sampati no mostró malas intenciones y los Vanaras se animaron. Angada le contó la historia de Rama, el secuestro de Sita, el enfrentamiento de Jatayu con Ravana y su muerte.

Luego también contó la historia de la alianza de Rama con Sugriva, la muerte de Vali y la dramática búsqueda de Sita. Cuando Angada terminó la historia, Sampati parecía triste.

"Jatayu era la persona más querida que tenía. Fue por él por quien sacrifiqué mis alas. Sabes, un día, hace mucho tiempo, regresábamos de los planetas celestes y vi que estaba sufriendo un calor excesivo. Al verlo sufrir lo cubrí con mis alas, pero ese día los rayos del sol eran tan fuertes que me quemaron y caí en esta montaña llamada Vindhya, donde estamos ahora. Desde ese día no había vuelto a saber nada de Jatayu."

Angada pensó que quizás Sampati, que vivía en los picos de esas montañas, podría haber conocido o visto algo que pudiera ayudarlos en su búsqueda. No esperaba

Kiskindha Kanda

mucho, pero ya se sabe, la esperanza es la última en morir.

"Tal vez puedas ayudarnos," sugirió. "¿Sabes algo sobre Sita? ¿Has visto algo extraño? Ayúdanos si puedes."

Sampati pensó por un momento.

"Sí," respondió, "ahora que lo pienso, recuerdo haber oído hablar de una hermosa mujer que se llevó un gran Raksasa. Ella gritó: ¡Rama! Rama! ¡Ayuda! y trató de soltarse del agarre. Por tu historia, creo que puedo relacionar el secuestro de Sita con esa historia."

"¿Sabes por qué te cuento todo esto?" le dijo, "porque quiero vengar la muerte de mi hermano. También les diré dónde está el reino de ese demonio. Seguramente encontrarás a Sita allí. Ese Raksasa era Ravana y su reino está en la isla de Lanka."

Ante esa noticia, todos los Vanaras abrieron los ojos con alegría: ya no esperaban encontrar ni el más mínimo rastro de Sita, que parecía haberse desvanecido en el aire. Todos empezaron a saltar de alegría y se abrazaron.

"Nuestro muy querido amigo," le dijo el sabio Jambavan a Sampati, "no puedes siquiera imaginar cuánto consuelo y felicidad nos ha brindado esta noticia. Pero, ¿cómo te enteraste de este hecho?"

"Tengo un hijo llamado Suparsva," respondió. "Desde que el sol me quemó las alas, ha sido él quien me ha dado de comer y todos los días viene a la cueva donde vivo. Un día llegó tarde y le pregunté por qué. Tenía mucha hambre y estaba particularmente consciente de su retraso. Me dijo que había visto a un Raksasa gigante volando y cargando a una hermosa joven que se retorcía y gritaba: ¡Rama! Rama! Sintió curiosidad por saber quién podría ser ese majestuoso Raksasa y preguntó a los sabios de la montaña. Ellos le dijeron que era Ravana y que esa mujer era Sita. Ahora sabes por qué estaba al tanto del suceso de Ravana."

Sampati continuó:

"Ahora quiero contarte algunos detalles de mi historia que aún no conoces.

Cuando caí en la montaña con mis alas quemadas y completamente inútil, descendí trabajosamente de la cima de esta montaña y me encontré con un sabio llamado Nishakara que estaba cerca. Me vio y me preguntó:

"¿Qué te ha pasado? ¿Cómo se te han quemado las alas?"

Y le dije: "tratando de proteger la vida de mi hermano me acerqué demasiado al sol y me quemé. En esta condición mi vida no tiene sentido y por eso quiero morir saltando del pico de la montaña."

"No, no lo hagas," dijo el sabio misericordioso. "No te preocupes por tu enfermedad porque pronto recuperarás tus alas. Un día conocerás a los fieles amigos de Rama, los Vanaras, que vendrán en busca de su querida esposa. Si les das la información que necesitas para encontrarla, recuperarás tus alas."

Y justo cuando Sampati estaba hablando con los Vanaras, un par de alas maravillosas brotaron de su cuerpo. Lleno de alegría, Sampati despegó y comenzó a dar vueltas en el cielo.

Kiskindha Kanda

"¡No te preocupes, pronto encontrarás a Sita! ¡Ve más al sur, cruzando el océano! ¡Sita está allí!" gritó desde arriba.

Y desapareció en el cielo. Animados por Sampati, los Vanaras se dirigieron más hacia al sur.

Hanuman se prepara para dar el salto a Lanka

Después de haber recorrido varios kilómetros, el grupo llegó a la orilla del océano. Según las indicaciones de Sampati, Lanka estaba a muchos kilómetros de distancia, y allí estaba Sita, el objeto de su búsqueda.

Los Vanaras vieron el gran océano y la distancia que los separaba de la isla. Se miraron a la cara pensando: "¿cómo podrían cruzar un océano tan grande?" Volvieron a sentirse abrumados por el desánimo.

Al ver los rostros asombrados de sus mejores guerreros, Angada quiso animarlos y darles esperanza.

"¿Ninguno de ustedes," tronó, "siendo los mejores guerreros que hay, son capaces de saltar la distancia que nos separa de Lanka? ¿Como es posible?"

Nadie se atrevió a hablar.

"¿Qué tan lejos creen que son capaces de saltar?" preguntó de nuevo. "¿Por qué no responden?"

Una vez más nadie contestó. Pero Angada, el hijo de Vali, no se desanimó.

"No podremos volver orgullosos a nuestros hogares, a nuestras familias, sin haber encontrado a Sita. Anímense, entonces, y díganme cuánto creen que pueden saltar cada uno de ustedes."

Ramayana (Tal Como Es)

Cada Vanara declaró sus habilidades, pero ninguno se sintió capaz de saltar las ochocientas millas de océano. Entonces, intervino Jambavan:

"Puedo saltar ochocientas millas," dijo, "pero no sé si luego podría regresar."

"Yo también sé que puedo saltar ochocientas millas," declaró más tarde Angada, "pero no estoy seguro de poder regresar".

En este punto, un silencio escalofriante descendió entre los heroicos Vanaras: todos habían hablado y nadie se creía capaz de tal empresa. Solo Hanuman aún no había hablado. Se sentó al margen y no participó en la discusión. Todos lo estaban mirando ahora. Jambavan se le acercó.

"Hanuman, eres capaz de saltar ochocientas millas," le dijo. "Lo sé."

Hanuman lo miró, genuinamente asombrado.

"No soy capaz de hacerlo. ¿Qué dices? ¿Cómo podría hacer algo así?"

"No recuerdas quién eres ni los poderes que posees," instó Jambavan. "Escúchame con paciencia y te contaré la historia de tu juventud y cómo la olvidaste."

Jambavan le contó toda la historia y Hanuman pudo recordar que tenía poderes extraordinarios que podían permitirle hazañas fantásticas. Entonces decidió ir a Lanka saltando sobre el océano.

Subió al monte Mahendra y se concentró. Luego flexionó las piernas contra el suelo para empujarse y la enorme montaña gritó de dolor.

En su interior, Hanuman solo pensaba en Lanka.

Kiskindha Kanda

Sundara Kanda

El salto de Hanuman

En el corazón devoto de Hanuman no había nada más que el abrumador deseo de llegar a Lanka y encontrar a Sita. Presionando la montaña Mahendra con fuerza sobrehumana, dio el salto. Los Vanaras lo vieron lanzarse al aire, levantando un viento impetuoso. Al pasar, el océano se agitó y se levantaron olas gigantescas.

Ravana había causado un gran sufrimiento a todos, y por eso aquellos que vieron a Hanuman dirigiéndose hacia Lanka para terminar esa desafortunada carrera sintieron una gran alegría. Incluso Varuna, la divinidad que domina el océano, sintió esta felicidad y decidió ayudar al poderoso Vanara en su empresa.

En las profundidades de las aguas había una gran montaña llamada Mainaka. Al alcanzarla, Varuna le pidió que se levantara de las profundidades del mar para ofrecerle a Hanuman un lugar para descansar.

Se dice que una vez, hace millones de años, las montañas tenían alas y volaban hacia el cielo a gran velocidad. Los Devas y los Rishis, temerosos del peligro constante de estas grandes masas voladoras, le pidieron a Indra que interviniera y cortara esas alas.

Y cuando el rey de los Devas procedió a arrojar su arma favorita, el poderoso rayo, hacia ellas, Mainaka, ayudada por Vayu, escapó. Al esconderse en las profundidades del océano, escapó de la ira de Indra. Desde ese momento, Mainaka había permanecido allí, bloqueando el camino de acceso a Patala. Mainaka estaba agradecida con Vayu por ayudarla y pensó en hacerle el favor ayudando a Hanuman. Mainaka se levantó del océano y le ofreció sus colinas al Vanara para que descansara, pero Hanuman consideró que hubiera sido una pérdida de tiempo en su misión y empujó la montaña con una mano, despejando el paso.

Mainaka admiró su fuerza y determinación, así que lo bendijo y lo dejó pasar. Hanuman continuó el viaje.

El demonio Surasa

Mientras Hanuman avanzaba a gran velocidad hacia su destino, Surasa, madre de los Nagas, pensó en probar las habilidades de Hanuman. Por lo tanto, tomó la forma de un Rakshasi gigante y emergió del agua justo cuando Hanuman pasaba. Ella lo miró con fiereza y le habló, asumiendo un aspecto hostil:

"Tengo hambre," le dijo, "y quiero que hoy seas mi comida. Pero también admiro las cualidades del valiente, la sagacidad y la fuerza. Te ves muy fuerte y quiero darte una oportunidad. Te dejaré vivir si puedes meterte en mi boca y luego salir. Si eres tan hábil, te dejaré ir."

Conmovido por el orgullo, Hanuman quería mostrarle a Surasa sus habilidades y expandió el cuerpo a un tamaño gigantesco. Pero ella también lo hizo. Hanuman se expandió aún más, pero Surasa lo imitó. Los dos continuaron creciendo, hasta que Hanuman mostró su cuerpo y entró en la boca de Surasa. Incapaz de encogerse tan rápido, Surasa no tuvo tiempo de cerrar las enormes mandíbulas y Hanuman pudo salir.

Satisfecho con esta prueba de inteligencia, Surasa lo bendijo y lo dejó continuar. Hanuman reanudó su viaje.

La Raksasi Simhika

Mientras se acercaba a Lanka, nuestro héroe se encontró con una verdadera Rakshasi llamada Simhika, designada por Ravana para proteger Lanka.

Simhika lo tragó a gran velocidad, pero Hanuman le abrió la barriga y salió mientras la Rakshasi moría.

Llegada a Lanka

Luego vio la isla, Lanka, el reino de Ravana. ¡Cuánta alegría sintió en su corazón!

Bajó a un pico que estaba justo al lado de la playa. Hanuman golpeó el suelo ruidosamente y miró a su alrededor para saber si lo habían visto. ¡Nadie, gracias a Dios! Contrajo su majestuosa forma hasta volverse un pequeño mono y se dirigió hacia las murallas de la ciudad. Y la vio; esa ciudad de la que ya había oído hablar como una fortaleza fabulosa. Los muros eran enormes, indestructibles, y las murallas y las puertas estaban constantemente custodiadas por cientos de soldados fuertemente armados. El lugar parecía inexpugnable. Esperó que llegara la noche y luego, con mucha precaución, se dirigió hacia las murallas de la ciudad. Era tan pequeño que le resultaba fácil pasar desapercibido. Pero tan pronto como entró la deidad de Lanka lo detuvo con una voz aguda:

"¿A dónde vas? Presiento que eres un enemigo de los Raksasas. No entrarás en esta ciudad; yo te lo impediré."

En ese momento, Lanka atacó a su antagonista con su tridente tratando de atravesarlo. Hanuman esquivó el golpe y la golpeó con una bofetada. En su corazón sintió la pena de haber golpeado a una divinidad y más aun siendo mujer, pero sintió que no podía evitarlo. A pesar de que el golpe no fue muy violento, el impacto tiró a Lanka al suelo. Hanuman pasó, sin preocuparse más por ella. Lanka miró pensativamente cómo Hanuman entraba en la ciudad.

"Sabía que este día llegaría", pensó. "No puede ser nadie más que él. Un día, Brahma me dijo que la destrucción de mi ciudad sería inminente cuando fuera derrotado por un mono. Hoy fui derrotado: ha llegado ese momento, el de la destrucción de mi ciudad ".

La ciudad de Ravana

Hanuman entró en la ciudad, vagando por sus calles. "¡Qué gran lugar!", pensó. Cuántas bellezas artísticas y arquitectónicas. Qué lástima que semejantes bellezas tengan que ser utilizadas por un ser tan impío.

Deambuló durante algún tiempo, hasta que llegó a un palacio extraordinario por su majestuosidad y pompa. Dedujo que este no podía ser otro que el palacio de Ravana. Había buscado cuidadosamente en cada calle, en cada casa, en cada rincón de la ciudad, y Sita no estaba en ninguna parte. Pensó que tal vez podría estar en el palacio real. Entró.

El palacio de Ravana era lo máximo que un materialista pudiera desear. Los muros eran de mármol precioso, tachonados de millones de piedras preciosas que daban luz en diferentes momentos del día, oro, plata y muchos otros metales de gran valor. Habían hermosas flores y plantas por todas partes. Alrededor, en lujosas camas, yacían estupendas jovencitas dormidas y borrachas. Había botellas de vino esparcidas por todas partes y carnes y alimentos cuidadosamente cocinados. Este edificio contenía todo lo mejor: era el sueño de cualquier materialista. Cualquier cosa que pudiera servir para la complacencia de los sentidos estaba allí en abundancia. En el palacio de Ravana, el disfrute sensorial parecía la única razón de ser. Hanuman ni siquiera miró dentro de esas camas seguro de que Sita nunca se permitiría esas depravaciones.

Buscando a Sita

Buscó por todas partes, pero Sita no estaba por ningún lado. Finalmente, en un dormitorio lleno de una opulencia indescriptible como nunca antes había visto, gigantesco y brillante como el sol, vio al propio Ravana, el rey de los Raksasas. Miró su poderoso cuerpo y se alegró de que estuviera durmiendo. No, Sita no podría estar allí. La mujer más casta preferiría morir antes que acostarse con alguien que no fuera su marido.

Siguió buscando, mirando en cada rincón del vasto palacio.

En un jardín encantador vio el carro Puspaka, que había pertenecido a Kuvera, y se inclinó para presentar respetuosas reverencias. Encontró el harén y en una hermosa habitación vio a Mandodari, la esposa de Ravana. Hanuman quedó deslumbrado por tanto esplendor. Era tan hermosa que pensó que era Sita. Se sintió embargado por una gran alegría, pero luego se lo pensó mejor.

"No, Sita nunca se rebajaría a entrar en el harén de Ravana. Esa mujer no podría ser Sita. No puede ser ella."

Al no haber podido encotrarla, Hanuman se sintió muy desanimado. ¿Pudo Ravana haberla matado por ella negarse a someterse a su voluntad? Pensó que si Sita moría, él mataría a Ravana y luego ayunaría hasta morir. Una rabia inmensa inundó su corazón.

Sita es ubicada en el jardín Asoka

Desde la ventana de un edificio, Hanuman alcanzó a ver un jardín que aún no había visto y quiso ir a indagar. Mentalmente y con gran devoción le pidió a Dios misericordia nuevamente para encontrarla, para que le diera éxito en su misión. Entró en ese jardín, llamados Ashoka y buscó cuidadosamente en el interior.

De repente, en un claro rodeado de árboles y arbustos, vio a una mujer tan maravillosa como ningún poema podría describir adecuadamente. Toda la belleza material se desvaneció y se convirtió en nada frente a esa belleza trascendental. La materia, tan imperfecta, pasajera, ilusoria, ocultó su rostro frente a ese cuerpo espiritual. No podía ser nadie más que Sita, Hanuman no tenía dudas. Su corazón le dijo que no podía ser nadie más que ella. Al recordar la descripción que había hecho Rama de su edad, de sus rasgos físicos, Hanuman la reconoció como la tan deseada Sita.

La miró con profunda devoción y amor espiritual, sin rastro de lujuria material, y la reconoció como la diosa que tanto había adorado y servido. La miró y volvió a mirarla. Una luz de profunda pureza emanaba de su rostro mientras sus pensamientos se perdían en un mundo donde la materia no tenía acceso. Bebiendo de su figura espiritual, mirándola como un hombre sediento mira un oasis después de mucho vagar por un desierto de arenas calientes, sintió un éxtasis, una profunda felicidad trascendental. La belleza celestial de Sita era indescriptible. ¿Cómo pudo una mujer tan noble y pura haber tenido que sufrir un destino tan desafortunado? Esta pregunta obsesionó su mente. Los ojos del devoto Hanuman se llenaron de lágrimas y mentalmente ofreció sus reverencias a los pies de loto de Rama y Laksmana.

Ravana visitando a Sita

Mientras estaba absorto en esa meditación, Hanuman vio en la distancia a Ravana caminando hacia ellos. Rodeado de sus ministros de mayor confianza, Ravana caminaba con paso orgulloso y decidido. Hanuman se escondió detrás de un arbusto no muy lejos para poder oír su conversación.

Cuando Sita vio acercarse a Ravana, su rostro tierno se oscureció. Estaba claro que el Raksasa venía a

Sundara Kanda

visitarla a menudo, ciertamente para tratar de convencerla de que se entregara a él.

Ravana, visiblemente enojado, la miró con severidad.

"Ha pasado casi un año," dijo, "y has vivido todo tu tiempo en este jardín sin conocer ninguna de las alegrías a las que tienes derecho. Convéncete tú misma. Rama nunca llegará. Sé mi reina. Ni siquiera puedes imaginar las cosas que podría darte."

Sita no respondió. Ella ni siquiera lo miró. Ravana sabía que cuando Sita hacía esto era inútil siquiera tratar de hablar con ella. Irritado, dio algunas instrucciones a los guardianes y se alejó, mirándola con profundo deseo.

Tan pronto como Ravana se fue, intentaron por todos los medios persuadirla de que aceptara al poderoso rey como su marido, pero Sita lloró, se quejó, llamó a Rama y no respondió. Sin responder a las lágrimas desesperadas, la Rakshasi la atormentaba cada vez más, amenazando con torturarla hasta la muerte si no cambiaba de opinión. Sita siguió llorando, desesperada.

El sueño de Trijata

De repente, una voz los detuvo. Era la voz de Trijata, una Rakshasi respetada como hechicera con grandes poderes adivinatorios.

"Eso es suficiente. ¡Detente!" dijo en voz alta. "No amenaces a Sita. No intentes asustarla. Acabo de despertar de un sueño terrible: escucha. Vi a Rama entrando triunfalmente en Lanka, seguido por ejércitos de monos, y vi los terrenos de la ciudad llenos de los cuerpos de nuestros maridos, nuestros hijos, nuestros padres, nuestros parientes y amigos. He visto numerosos presagios que indican la victoria de Sita sobre el que la secuestró. Si este sueño se hace realidad, es mejor para nosotros no maltratarla de esta manera, porque entonces podría vengarse severamente."

La Rakshasi, asustada, dejó de acosarla. Pero ante esas palabras, Sita no se calmó mucho. "¿Cómo podía tener todavía esperanzas? Ha pasado un año y Rama aún no ha llegado. Quizás nunca llegue. No podrá encontrar esta isla escondida e inaccesible. Quizás, quién sabe, incluso se olvidó de mí o dejó de buscarme. Mi vida es un infierno. La idea de Rama me tortura. No puedo vivir sin él. Y estos Raksasas que me persiguen todo el día ... No puedo seguir viviendo así. Ayunaré hasta la muerte pensando en mi amado Rama", pensó.

Pero en ese momento, cuando había decidido terminar con su existencia, un signo auspicioso apareció en su cuerpo. Y luego otros, y aún otros. Las señales eran tan claras que Sita abandonó su intención de morir.

Hanuman vio que Sita tenía demasiado dolor. La había encontrado, era cierto, y debería haber regresado inmediatamente para conducir los ejércitos a Lanka, pero no podía dejarla en ese estado. Tenía que darle una señal, una razón para seguir esperando y viviendo. Saltó a una rama del árbol bajo el cual Sita estaba sentada desconsoladamente y le susurró algunas palabras. Curiosa, miró hacia arriba y vio al pequeño mono.

Sundara Kanda

Hanuman habla con Sita

Hanuman comenzó a contar la historia de Sita desde el principio, desde el momento de su nacimiento, cuando fue adoptada por Janaka, y luego la historia de Rama. Sorprendida, Sita escuchó la maravillosa historia.

"Querida Sita, anímate," le dijo finalmente. "Tus sufrimientos están a punto de terminar. No pierdas la confianza. Rama llegará pronto."

Ella lo miró de nuevo, esperanzada pero también cautelosa. ¿Podría ser un Raksasa enviado por Ravana para robar su confianza? Pensó que los Raksasas eran capaces de trazar cualquier plan. Hanuman comprendió su estado mental.

"Soy Hanuman, un devoto querido y amigo de Rama. Vinimos a buscarte y ahora, afortunadamente, te hemos encontrado. Créeme. Sé que en un lugar como este es difícil confiar en alguien, pero tienes que creerme: soy amigo de Rama."

Aunque todavía cautelosa, Sita rogó fervientemente a los dioses que lo que estaba escuchando fuera cierto. Algo que sintió en su corazón le dio esperanza.

Hanuman la vio vacilante, insegura y pensó que debía darle una prueba de su sinceridad. Le arrojó el anillo que Rama le había confiado, que cayó al suelo con un dulce tintineo. Sita lo recogió e hizo una mueca. Lágrimas de alegría inundaron sus ojos.

"Pero si es el anillo de Rama, así es," dijo Sita en un suspiro. "Oh, querido amigo, ¿cómo está Rama? ¿Por qué ha tardado tanto? ¿Sigue hablando de mi? ¿Piensa a veces en mi? Háblame de él."

Hanuman respondió con una voz persuasiva y cariñosa. Quería darle confianza, darle valor, esperanza, incluso seguridad en la victoria final.

"Rama nunca te ha olvidado," le aseguró. "¿Cómo puedes creer algo así? Siempre piensa en ti y la vida le resulta intolerable. Llegó tarde porque no sabía dónde estabas. Por eso aún no ha venido a recogerte. Pero ahora que sé dónde estás, lo traeré aquí pronto y te liberaremos. No lo dudes."

Hanuman le contó sobre el sufrimiento que Rama sentía lejos de ella, y Sita se entristeció aún más al enterarse de su infelicidad.

"Hanuman, por favor huye de inmediato. No te arriesgues quedándote aquí. Tráeme a Rama lo antes posible. Asegúrate de que pueda volver a verlo pronto."

¡Cuán grande y profundo era el sufrimiento de Sita!

"Querida Sita," le dijo con el corazón hinchado por la emoción. "Puedo llevarte yo mismo si quieres. Solo sube a mis hombros y te llevaré a Rama en un abrir y cerrar de ojos."

Al ver lo pequeño que era Hanuman, Sita dudó que fuera capaz de hacerlo y sonrió. Asi que Hanuman asumió entonces una forma gigantesca, tan alta que parecía tocar las estrellas.

Impresionada, Sita se cubrió los ojos con los brazos.

"¿Todavía dudas que pueda llevarte lejos de este horrible lugar?" le preguntó. "Súbete a mis hombros y verás a Rama de nuevo en unos momentos."

Pero Sita ni siquiera se sintió tentada.

"No, prefiero que Rama venga a buscarme," respondió con una voz llena de gratitud y con renovada esperanza.

"Lo conozco. Sé lo fiel que es a sus principios. No le gustaría que alguien más me salvara. Quiere venir en persona. Ve ahora. Trae a Rama aquí lo antes posible."

"Me gustaría mostrarle algo a Rama," le dijo Hanuman después de unos momentos. "Podría dudar de la veracidad de mis palabras. ¿Cómo puedo asegurarle que te he encontrado? ¿Qué le puedo decir? ¿O qué puedo llevarle?"

La historia del cuervo

Sita pensó por un momento: ¿qué mensaje podría enviarle a Rama?

"Cuéntale esta historia," dijo entonces. "Nadie más aparte de nosotros dos la conoce. Ese día estábamos él y yo solos. Dile así:

"Una vez, cuando todavía estábamos en Citrakuta, mientras hacías tus abluciones, un cuervo hambriento me atacó. Traté de ahuyentarlo, pero no pude. Me sentí irritada y asustada, sobre todo porque estaba sola. Luego me enojé y por los movimientos repentinos mi falda estuvo a punto de caer. Traté de sujetarla con una mano y con la otra me defendí de las garras del animal. En ese momento volviste y me viste en esa situación y pensaste que era gracioso; te reíste de buena gana. Me arrojé a tus brazos buscando protección. Entonces el cuervo se fue volando. Nos acostamos debajo de un árbol y nos quedamos dormidos, abrazándonos."

"De repente ese cuervo malvado volvió y me atacó de nuevo, arañándome el pecho más de una vez y profundamente. Mis gritos de dolor y miedo te despertaron y viste que sangraba en el pecho. Entonces dejaste de reír, pero estabas muy enojado."

"¿Quién lo ha hecho?" me preguntaste con voz emocionada. "¿Quién te hizo esas heridas?"

"Viste al cuervo que estaba a punto de atacarme de nuevo. Tus ojos se pusieron rojos como el fuego de la ira. Decidiste matarlo. Después de arrancar una brizna de hierba kusha, recitaste un mantra para cargarla con el poder del brahmastra y se la arrojaste al cuervo. Pero rápidamente nos dimos cuenta de que no era un simple animal: era Jayanta, el hijo de Indra."

"Se dio cuenta de que estaba en peligro de muerte y, cuando vio que la brizna de hierba se lanzaba hacia él, trató de escapar. Y huyó a todas partes, con el arma siguiéndolo de cerca, buscando a alguien que pudiera ayudarlo. Pero nadie podría hacer nada contra esa arma, lanzada desde tu poderoso brazo."

"Jayanta huyó por todo el universo, pero nadie, ni siquiera su padre Indra, pudo ayudarlo. Se sintió perdido. Así que volvió a ti y te pidió perdón y te suplicó que le salvaras la vida."

"Oh Jayanta", respondiste, "esta arma, una vez lanzada, ya no puede retraerse, sino que debe golpear y destruir algo. Pero me pediste protección y te ayudaré. Elige una parte de tu cuerpo a la que puedas renunciar y la brahmastra solo destruirá eso."

"Jayanta pensó en lo que le convenía; luego decidió entregar su ojo derecho. Tan pronto como dijo esas palabras, el arma fatal golpeó."

Sita hizo una pausa y luego reanudó la historia.

"Dile esto también: "Le arrojaste un arma tan terrible a un simple cuervo porque me había arañado el pecho: ¿por qué no usas la misma arma contra estos crueles Raksasas que me han hecho sufrir mucho más? ¿Por qué no intervienes? Amado señor, por favor ven a buscarme ya."

Sita puso en manos de Hanuman una joya que Rama le había dado y se la confió.

"Cuando Rama vea esta joya, estará seguro de que me has encontrado. Bendito seas, querido amigo; pero vete, aquí estás en peligro, puede que te descubran. Vete y vuelve pronto con Rama."

Hanuman se deja capturar

Era hora de irse. Hanuman había encontrado a Sita sana y salva y él la había animado. También había visto Lanka, sus fortificaciones y el número de adversarios. Pero también necesitaba conocer su fuerza individual y su destreza en la lucha. Pero sobre todo, quería conocer a Ravana.

Decidió abandonar lo desconocido y luchar. Así, asumió una forma gigantesca y atacó violentamente a los guardianes del jardín, matándolos. En cuestión de minutos, destruyó todo el jardín de Ashoka. La alarma recorrió la ciudad y Ravana fue advertido de lo sucedido.

Informado de la presencia de un enemigo con forma de mono, Ravana envió al poderoso hijo de Prahasta para eliminarlo, pero después de una corta pelea, Hanuman lo mató. Luego, destruyó los bosques circundantes y el santuario. Durante el trabajo de devastación mató a muchos soldados que intentaron oponerse a él. Usando un enorme pilar de mármol, Hanuman mató a los otros siete hijos de Prahasta junto con los soldados que los seguían.

Fue terrible. Se movía con una velocidad impresionante y era difícil incluso verlo. La fuerza de sus golpes fue tan grande que nadie sobrevivía al primero. Aterrorizados, muchos Raksasas huyeron.

Cuando le llegaron las noticias de las derrotas, Ravana se sorprendió y se indignó. ¡Muchos buenos luchadores derrotados por un mono! Incluso envió a uno de sus hijos, el poderoso príncipe Aksha, pero él también fue asesinado. Cansado de esas masacres, Ravana convocó a Indrajit, su hijo mayor, quien corrió hacia el lugar donde Hanuman todavía estaba involucrado en una masiva obra de destrucción, y estalló un terrible duelo. Pero el virtuoso Vanara había decidido que era hora de ver al rey en persona y dejarse capturar.

Atado y arrastrado a la fuerza, fue llevado ante el cruel Raksasa.

El encuentro con Ravana

Ravana estaba sentado en un majestuoso trono de oro macizo con incrustaciones de piedras preciosas que estaba ubicado en una sala de reuniones con una opulencia celestial. Hanuman quedó impresionado por su grandeza y esplendor, y pensó que de no haber sido por su mentalidad cruda y egoísta, Ravana podría haber gobernado todos los planetas del universo. Pero este materialismo grosero, reflexionó Hanuman, seguramente

Sundara Kanda

sería la causa de su desaparición. Ravana, volviéndose hacia su primer general Prahasta, le ordenó que lo interrogara. Prahasta, todavía molesto por la muerte de sus hijos, trató de obtener información.

"¿Por qué has hecho todo esto?" le preguntó. "¿Por qué destruiste el bosque de Ashoka? ¿Y por qué mataste a tantos de nuestros soldados? ¿Quién te envía? Tu vida ahora pende de un hilo muy fino; no lo rompas por orgullo."

Hanuman no tuvo miedo, su voz salió fuerte y orgullosa.

"Soy Hanuman de la raza Vanara. Soy un mensajero de Rama y vine aquí para encontrar a su esposa. Destruí los jardines porque quería pelear contigo y luego ser capturado para ver a Ravana. No se equivoquen: Indrajit nunca podría haberme capturado así, pero he dejado que me trajeran aquí con el poder de sus armas para hablar con Ravana."

Sin mirar a Prahasta de nuevo, se volvió para mirar a Ravana. Sus ojos eran duros y acusadores.

"Rey de los Raksasas, si te importa la vida, devuelve a Sita a su legítimo esposo. Quizás de esta manera puedas obtener su perdón. Pero si no haces lo que te digo, tu fin y la destrucción de tu ciudad y de toda tu raza son seguros. No puedes luchar contra nosotros; nuestra fuerza es inconmensurable. ¿Has visto lo que hice con tus soldados? Y eso, que solo soy uno de los muchos que pronto vendrán aquí, decididos a exterminar a todos los Raksasas que encuentren."

Golpeado por esas palabras insolentes, el impetuoso Ravana perdió los estribos y ordenó que mataran al

Vanara. Pero en ese momento Vibhisana, su hermano menor, lo detuvo.

"¡Ravana, estoy asombrado de ti!" gritó, deteniendo a los guardias que ya habían agarrado a Hanuman por los brazos. "¿Has olvidado las reglas de la vida de un rey y un guerrero? Un embajador nunca puede morir, por ofensivo que sea el mensaje que lleve. Hanuman es un mensajero y no debe ser asesinado."

Ravana rechinaba los dientes: aún no se había calmado.

"Querido hermano, siempre estás dispuesto a recordarme las reglas que gobiernan nuestra vida," le dijo en tono sarcástico. "Estoy de acuerdo contigo. Pero un mensajero que abusa de su misión y de la inmunidad que le confiere su papel puede y debe ser castigado de manera ejemplar. Si un rey no castiga a un criminal, nadie le temerá más y nadie más le obedecerá; así, el reino se derrumbaría. Por tanto, debo castigar a este mono insolente.

"Prende su cola en llamas y llévalo por la ciudad. Enséñaselo a todo el mundo. Que nadie piense que Ravana no imparte justicia severamente."

Hanuman devasta Lanka

Los guardias sacaron a Hanuman de la sala del trono. Le envolvieron la cola con trapos y los empaparon en aceite. Luego le prendieron fuego. Entonces los guardias llevaron a Hanuman por las calles de Lanka, exponiéndolo al ridículo delante de la gente. La gente se divirtió mucho viendo a ese mono con su cola ardiendo y todos se burlaron de él. Sita también se enteró de lo que había sucedido y le rogó sinceramente al Deva del Fuego que no lo quemara, que no le hiciera sentir dolor.

Pero el inteligente Hanuman tenía su plan. Reduciendo repentinamente el tamaño de su cuerpo, se liberó de las cuerdas y mató a los guardias que lo escoltaban. La multitud, hacinada, cuando lo vio libre, huyó mientras todos gritaban alarmados. Con la cola en llamas, Hanuman decidió quemar Lanka. Corriendo a toda velocidad, prendió fuego a todas las casas, salvando solo la de Vibhisana. El cielo estaba iluminado por esa enorme hoguera. Y cuando los Devas y Rishis del cielo vieron a Lanka ardiendo, bailaron y cantaron llenos de felicidad. Hanuman estaba casi borracho de alegría, pero de inmediato se le ocurrió una idea.

"¿Qué hay de Sita? Oh, ¿cómo no pensé en ella? Sita también podría haber muerto en el incendio."

Y maldiciendo su impulsividad, corrió hacia lo que quedaba de los jardines de Ashoka. Pero antes de llegar allí, escuchó voces del cielo que le aseguraban que Sita estaba viva, que estaba bien y que estaba absorta en la esperanza del regreso de Rama. Hanuman se recuperó y huyó de la ciudad en llamas. Corrió a la playa y una vez más dio el salto prodigioso.

El regreso de Hanuman

Levantando olas muy altas y casi provocando una tormenta, Hanuman volvió a cruzar el océano. Después de saludar y agradecer a Mainaka, vio la montaña Mahendra. Gritó y rugió de alegría, como si no pudiera controlar su entusiasmo. Quería animar y anticipar su alegría a los compañeros que lo esperaban. Jambavan fue el primero en escucharlo.

"¡Escuchen! Esos son los gritos de alegría de Hanuman. ¡Oigan el fervor y la alegría que expresa su voz! ¡Quizás la haya encontrado! ¡Ánimo, amigos! ¡Ojalá traiga buenas noticias!"

Después de aterrizar en la montaña, Hanuman fue rodeado por los vítores Vanaras quienes le preguntaron qué había sucedido. Hanuman les contó todo lo que había pasado, pero el príncipe Angada quiso volver a escuchar toda la historia con más detalles.

"Valiente amigo," le dijo Angada, "cuéntanos nuevamente la historia de tus éxitos en Lanka y danos más detalles. Tenemos mucha curiosidad por escuchar esta gloriosa historia."

Se sentaron y volvieron a escuchar la historia, esta vez con todos los detalles. Una vez que terminó la historia, Angada se emocionó.

"¿Pero por qué esperar?" dijo, poniéndose de pie y abultando sus músculos. "¿Por qué volver a Kiskindha y mover todos nuestros ejércitos mientras Sita sigue sufriendo? Podemos ir a Lanka, podemos destruir a Ravana con toda su raza malvada y traer a Sita de regreso a Rama. ¿Por qué no?"

Alguien gritó con entusiasmo. Muchos fueron de la opinión de moverse de inmediato y atacar a los enemigos. Pero el sabio Jambavan enfrió su impulsividad y les aconsejó que regresaran a Kiskindha. Al final, incluso Angada reconoció que esto era lo mejor que se podría hacer y se fueron.

Sundara Kanda

Las buenas noticias

A los pocos días, caminando rápido, llegaron a su territorio. No muy lejos estaba un bosque de propiedad privada de Sugriva, donde nadie había podido entrar. Había numerosos guardias afuera, comandados por el tío de Sugriva llamado Dadhimukha. Angada, lleno de entusiasmo por el éxito de la misión, quiso celebrar bebiendo la excelente miel que allí abundaba. Seguro de que no sería castigado, el joven Angada autorizó a sus Vanaras a entrar incluso a la fuerza para tomar la miel.

Codiciosos de dulces y transportados por una intensa alegría por el hallazgo de Sita, los Vanaras invadieron Madhuvana, sin preocuparse ni de Dadhimukha ni de sus guardianes. Dadhimukha creía que tenía que evitar lo que creía que era una insubordinación grave y, después de amenazarlos innecesariamente, trató de usar la fuerza. Pero el entusiasmo de los Vanaras de Angada fue incontenible y Dadhimukha y sus guardianes fueron derrotados y obligados a huir.

Dadhimukha huyó a Kiskindha y le contó a Sugriva lo que había sucedido. Sugriva no se enojó.

"Este comportamiento de Angada y de los demás, no es normal" reflexionó. "Saben lo mucho que quiero ese bosque, y si lo han violado sin miedo debe ser porque se sienten sobrecogidos por una gran alegría y quieren celebrar algo grande. Y luego llegaron bastante tarde y no mostraron temor al castigo. Quizás nos traigan buenas noticias. Quizás encontraron a Sita. Haz que vengan aquí de inmediato."

Dadhimukha corrió a Madhuvana. Le pidió perdón a Angada y le transmitió el mensaje de Sugriva.

Ramayana (Tal Como Es)

En presencia de Rama, Hanuman contó toda la historia, incluida la del cuervo de Citrakuta para asegurarle que todo correspondía a la verdad. Luego le dio la joya que Sita le había confiado. Al ver la joya que una vez él le había dado a Sita y al escuchar esa historia íntima, Rama lloró y quiso volver a escuchar el mensaje que Sita le había enviado.

Hanuman lo repitió todo una vez más.

Sundara Kanda

Yuddha Kanda

Preparativos para la guerra
Rama parecía haber vuelto a la vida.

Cuando volvió a escuchar toda la historia de labios de Hanuman, sintió que algo renacía en su corazón, como sucede cuando encuentras a una persona que es esencial para tu existencia. Abrazó a su fiel devoto y le agradeció calurosamente.

Luego celebraron un concejo militar y escucharon la descripción de las fuerzas defensivas del enemigo. Rama y Sugriva hicieron arreglos para la salida inmediata. Mientras se preparaban, los Vanaras manifestaron su alegría y su ardor guerrero.

Mientras tanto, en Lanka, Ravana estaba preocupado. Había visto lo que Hanuman fue capaz de hacer por sí mismo. Aunque su fuerza personal y la de su ejército le daban amplias garantías, en su corazón se sentía preocupado. Algo en toda esta historia lo angustió. No era como las otras batallas que había librado. Había algo diferente que estaba más allá de su control y comprensión. Llamó a todos los generales y ministros principales al concejo.

Los Raksasas lo notaron tan preocupado como nunca antes lo habían visto, ni siquiera durante batallas que fueron mucho más desafiantes que esa. Según ellos, los adversarios serían básicamente solo dos hombres y una manada de monos. Intentaron animarlo.

"No te vemos tan tranquilo y confiado como siempre has estado antes de una confrontación," dijo Prahasta. "¿Te han intimidado las amenazas de ese mono? Pero, ¿qué te preocupa? Estás equivocado. ¿Has olvidado tu poderío militar y el nuestro? ¿Cómo puedes preocuparte por dos hombres y unos pocos monos cuando has derrotado a los mayores Devas del universo? Nadie puede derrotarnos cuando estamos unidos en el campo de batalla, e incluso si eso fuera a suceder, nadie podría derrotarte cuando, en tu carro Puspaka, te lanzas a través de las filas de los ejércitos enemigos. Majestad, cálmate, podemos destruir a cualquier enemigo. Si ese mono regresa con sus compañeros y con Rama y Laksmana, los combatiremos y los exterminaremos."

Prahasta y los demás trataron de tranquilizar a Ravana dándole valor, pero el virtuoso Vibhisana no estaba de acuerdo con esas escenas de ciego fanatismo, y le dijo:

"¿Qué están diciendo todos? Ravana, no escuches los consejos sin sentido. ¿No has visto cuántos malos augurios surgen en cada momento a tu alrededor y en Lanka? Estos presagios anuncian tu derrota. ¿Ya has olvidado lo que ha hecho en Lanka ese a quien estos llaman "un simple mono"? ¿Qué podrían hacer tus valientes generales para evitar este lío? ¿Y serían Rama y Laksmana dos hombrecitos? ¿Y la matanza de catorce mil guerreros poderosos? ¿Incluso el olvidado?

"La mejor forma de afrontar un peligro no es subestimando su capacidad, sino todo lo contrario. Estoy seguro de que en una batalla como esa seríamos derrotados y nuestras mujeres llorarían por sus muertos. Nos esperan días de duelo."

Vibhisana concluyó diciendo:

"Sé sabio, hermano: devuelve a Sita a Rama y así salvarás tu vida y la de millones de personas que te son fieles."

Un murmullo de desaprobación acompañó a las últimas palabras de Vibhisana. Ravana no quiso escuchar esos consejos y el entusiasmo que le habían despertado los ánimos de sus generales se apagó. Se levantó de un salto y se retiró a sus apartamentos privados. Pasó una noche de insomnio.

Ravana decidido a luchar

Al día siguiente, cuando Ravana reapareció en la cámara del concejo, Vibhisana trató de nuevo de hacer que Ravana entrara en razón, pero Ravana se sintió demasiado atraído por Sita y no pudo aceptar las cosas como realmente eran. Ignoró completamente a Vibhisana y lo interrumpió.

Volviéndose hacia Prahasta anunció:

"He tomado mi decisión. No me rendiré con Sita. No puedo mostrar miedo ante un enemigo tan inconsistente. Soy el invencible Ravana y nunca he conocido la vergüenza de la derrota. Rama y su ejército de monos no me asustan. Lucharemos contra ellos y los destruiremos. Por lo tanto, despliega nuestras tropas para defender la ciudad y prepararlas para la guerra."

Todos gritaron de alegría y celebraron la decisión de su rey. En ese momento un ruido ensordecedor detuvo la

Yuddha Kanda

discusión. Un guardia le advirtió a Ravana que su hermano menor, Kumbhakarna, acababa de despertar de un largo sueño y estaba en camino.

Kumbhakarna fue el Raksasa más fuerte que jamás haya existido. Era gigantesco y solo pensar en él era aterrador. Cuando entró, todos lo saludaron respetuosamente. Ravana le informó de los últimos acontecimientos. Kumbhakarna no pareció compartir el acto del secuestro de Sita, sin embargo le aseguró que en caso de guerra le daría su apoyo. Ravana pensó que si Kumbhakarna se unía a la lucha, la victoria sería segura.

Mahaparsva, uno de los generales más famosos, intervino.

"¿Por qué, dado que te atrae tanto esa mujer, no la tomas por la fuerza? Después de todo, eres el rey aquí, y todo en este territorio es legítimamente suyo."

Vibhisana se estremeció de rabia ante la vil sugerencia. Ravana estuvo pensativo durante un rato.

"Sí, es justo que lo sepas," dijo entonces. "Hay una cosa que he mantenido en secreto durante mucho tiempo y ahora quiero contarte. No puedo tomar a una mujer contra su voluntad, de lo contrario moriría. Un día violé a una Apsara llamada Punjikasthala que corrió hacia Brahma pidiendo venganza. Entonces Brahma se enfureció y me maldijo diciéndome:

"Ravana, si tomaras a una mujer contra su voluntad, tus cabezas explotarán en cien pedazos."

"Queridos amigos, es solo por esta razón que todavía no he tomado a Sita por la fuerza. Si no hubiera tenido esa terrible maldición sobre mí, ya habría cumplido mi deseo más querido."

El virtuoso Vibhisana, en ese momento, trató nuevamente de persuadirlo para que llevara a Sita de regreso a su esposo, pero todos desaprobaron ese consejo considerándolo un acto de cobardía. Perdiendo su paciencia, Ravana lo insultó y Vibhisana decidió dejar Lanka e ir a ayudar a Rama contra esas fuerzas del mal.

Vibhisana abandona a Ravana y se une a Rama

A pesar de que aquellos contra los que lucharía eran sus propios familiares y amigos, Vibhisana pensó que la verdad era más importante que los lazos familiares temporales. Indignado, abandonó la ciudad.

Poco después, Ravana lamentó haber tratado a Vibhisana de esa manera y lo mandó a buscar, pero no fue encontrado.

En menos de una hora Vibhisana llegó al lugar donde los ejércitos de Rama estaban acampados y anunció su llegada. Su llegada provocó mal humor. Muchos Vanaras se mostraron cautelosos, pero Hanuman lo reconoció y recordó cómo lo había defendido de la opinión de todos los demás.

Vibhisana fue aceptado como amigo y aliado y llevado ante Rama. Hizo una reverencia respetuosa.

"Rama, soy Vibhisana," dijo, "el hermano menor de Ravana y Kumbhakarna. En mi corazón, siempre he desaprobado las actividades demoníacas de mi hermano, incluso en el caso del secuestro de Sita, pero él no quiso escuchar mi consejo. Por enésima vez hoy traté de hacerle entender cuáles son las cosas correctas que debe hacer y me insultó. Ya no quiero estar del lado de los malvados opresores, así que me gustaría ayudarlos a ganar esta batalla. Sé todo sobre Ravana, sus soldados y las fortificaciones de Lanka, y te haría una valiosa contribución."

A pesar de la desconfianza de muchos, Rama, que sabía leer el corazón de las personas sinceras, lo aceptó como amigo. Así, el justo Vibhisana se unió a Rama.

Mientras tanto, los espías Raksasas, que estaban dispersos por todas partes, informaron al rey que el ejército de los Vanaras se acercaba.

El mensajero Shuka

Ravana convocó a Shuka, uno de sus embajadores de confianza, y le dio una misión.

"Los Vanara se están acercando," le dijo. "No pensé que fueran tan imprudentes, pero están llegando. Intentamos evitar la guerra. Lleva un mensaje a sus líderes para tratar de desanimarlos, y cuando estés entre ellos, fíjate bien en su número y en el verdadero alcance de su fuerza. Eres un experto; sabes reconocer las capacidades de un enemigo. Vete, entonces, y vuelve pronto."

Shuka viajó rápidamente y llegó a donde estaban acampados los Vanaras. Se sorprendió al ver su número: parecían un océano en movimiento y un enjambre, donde cada gota era un guerrero decidido a hacer justicia. Preguntó por su líder y fue llevado adonde Sugriva, a quien le leyó el mensaje. Era tan insolente y agresivo que algunos Vanaras se desquitaron con Shuka y lo golpearon.

Rama les ordenó de inmediato que se detuvieran, advirtiéndoles que eso no era un comportamiento civilizado. Lo liberó y le permitió terminar de leer el mensaje. Fue enviado personalmente a Sugriva.

"... No ayudes, por lo tanto, a Rama en esta desesperada empresa donde lo perderás todo, incluida tu vida," concluyó Shuka asustado. "¡Ponte de mi lado y te cubriré de riquezas y gloria!"

"¿Escuchaste esa cobardía?" gritó Sugriva tan pronto como terminó de escuchar el mensaje. "Nos tiene miedo y trata de convencernos de que abandonemos la misión."

Todos estallaron en risas burlonas. Sugriva continuó:

"Escúchame bien, mensajero. Dile esto a tu amo. El coraje es una riqueza que él no tiene y por eso no me la puede dar. Dile que pronto llegaremos a Lanka y lo destruiremos a él, a todo su linaje y a su ciudad. No traicionaremos a Rama."

A Shuka no se le permitió regresar a Lanka de inmediato. Los Vanaras pensaron que era mejor liberarlo cuando estuvieran más cerca de la isla.

Rama obliga a Varuna a dejarlos pasar.

Unos días después llegaron a las orillas del océano. Rama observó el vasto cuerpo de agua, un mar inmenso e insuperable que lo separaba de Lanka. ¿Cómo cruzar esa distancia? ¿Cómo podría cruzarlo todo un ejército? Parecía ser un problema irresoluble. La única solución era que el océano mismo los dejara pasar.

"Le pediré a Varuna que aparezca frente a mí," pensó Rama, "y luego le pediré el favor de dejarnos pasar."

Yuddha Kanda

Rama tomó un poco de hierba kusha e hizo una almohada con ella. En esa hierba sagrada se sentó a meditar. Así que se quedó durante días y noches enteros, meditando y pidiendo a Varuna que apareciera. Pasaron varios días, pero el Deva no apareció. Agitado al pensar en Sita, el deseo de volver a verla y de liberarla hacía insoportable esa espera inerte. Perdió los estribos y sintió que la furia subía a su corazón.

"¡Si Varuna no aparece, destruiré el océano con todos sus habitantes!"

Sacando enormes flechas del carcaj, comenzó a dispararlas sin interrupción, una tras otra, con una violencia sin precedentes, matando a una multitud de peces. Las aguas se agitaron tanto que el océano se desbordó en varios lugares y hubo una terrible tormenta. En todas partes hubo un caos.

Pero Varuna todavía no había decidido aparecer.

Rama tomó la terrible arma presidida por el mantra a Brahma y la fijó en el arco. Solo entonces, al ver su destrucción cerca, Varuna emergió de las aguas tormentosas y se arrodilló ante Rama con las manos juntas.

"Perdona mi ofensa, oh, Rama," dijo en un tono de oración. "Te dejaré pasar sin lugar a dudas. Llama a Nala, el hijo de Visvakarma, y dile que construya un puente sobre mis aguas. No te preocupes. Yo soportaré tu peso."

La construcción del puente

Con entusiasmo, los fuertes Vanaras comenzaron a tomar enormes rocas, picos de montañas, árboles y cualquier otra cosa que pudiera agregar volumen a la construcción del puente, y después de escribir el nombre sagrado de Rama en ellos, los arrojaron a las aguas. Como por milagro, a pesar del peso, no se hundieron. Pronto, bajo la experta dirección de Nala, se completó el puente. Alegremente, los Vanaras comenzaron la travesía.

Lanka fue avistada. Rama ordenó que Shuka fuera liberado y le dijo que corriera hacia su rey para transmitir el mensaje y su determinación de liberar a Sita a cualquier precio. Shuka no se hizo de rogar; corrió hacia Ravana y le contó todo.

"... Mi querido rey," dijo con voz jadeante, "... además, no tienes idea de su poderío militar. Su número es tal que ni siquiera es posible imaginarlo, y su fuerza física personal es extraordinaria. No tienes esperanzas en esta batalla. Devuelve a Sita, por el bien de todos."

Sorprendido y furioso de escuchar a uno de sus más fieles ayudantes cantar alabanzas a sus enemigos, Ravana, por otro lado, describió la inmensa fuerza de los Raksasas.

El ejército de Rama llega a Lanka

Pero justo cuando hablaban, uno de sus generales le trajo la noticia de que el enemigo había llegado a la isla.

Ravana envió a Shuka de nuevo, esta vez acompañado por otro embajador de confianza llamado Sharana, para espiar al ejército contrario y traerles noticias más detalladas. Pero mientras intentaban espiar protegidos por la oscuridad de la noche, Vibhisana los descubrió y los capturó. Rama vio a los dos espías y sonriente les habló:

"¿Han venido a espiarnos? Podrían haber preguntado," dijo con ironía. "Les hubiéramos mostrado todo nosotros mismos. Vengan."

Y los llevó a un recorrido completo por su ejército. Luego los soltó. Los dos regresaron a Ravana y le dieron la descripción deseada.

"Hemos visto el poderío militar de nuestros enemigos. Lo que podemos decirte, al respecto, es solo esto: libera a Sita, por tu bien y el de toda la gente."

Shuka y Sharana eran dos de los ministros cuya lealtad estaba fuera de toda duda. De modo que se asombró ante tales descripciones y empezó a temer que correspondieran a la verdad.

Ravana ve al ejército enemigo

Ravana decidió ir a comprobarlo por sí mismo.

Junto con otros, subió nerviosamente las escaleras de su torre más alta y tan pronto como miró hacia afuera vio una vista impresionante.

No lejos de las murallas de la ciudad, una inmensa alfombra viva llena de Vanaras se extendía hasta donde alcanzaba la vista. Fue increíble. Millones y millones de enemigos poderosos se abrían paso lenta pero seguramente hacia la ciudad. ¡Parecía un mar imparable de guerreros sedientos de sangre y justicia!

Ravana quedó impresionado. Se volvió hacia Sharana. "Fiel amigo, ¿quiénes son los líderes de este inmenso ejército? Háblame de ellos y muéstrame sus habilidades."

Sharana señaló a Hanuman, Sugriva, Angada, Nila, Nala, Jambavan y detalló su fuerza personal. Luego habló de todos los demás líderes, describiéndolos como guerreros invencibles en el campo de batalla, todos con una destreza terrible.

Enfurecido, Ravana expulsó a Shuka y Sharana de la corte y envió más Raksasas para espiar al enemigo, con la esperanza de que trajeran noticias más optimistas. Pero estos otros también regresaron a su rey y le informaron lo mismo. Ellos también fueron ahuyentados histéricamente.

Preocupado, Ravana temía perder la guerra y, sobre todo, temía perder a Sita, a quien deseaba con locura. Decidió hacer otro intento para conquistarla y evitar la guerra.

El truco del mago

Había un mago en Lanka llamado Vidyujjihva que tenía habilidades extraordinarias para crear ilusiones. Gracias a sus poderes, creó una cabeza exactamente como la de Rama y fueron a llevársela a Sita. Cuando llegaron, la arrojaron a sus piés.

"Aquí está, tu querido consorte," gritó Ravana. "Lo maté y lo decapité. Ahora acéptame como tu esposo y disfruta de la vida."

Pero tuvo el efecto contrario. Creyendo que Rama había muerto y decapitado, Sita estalló en lágrimas

Yuddha Kanda

convulsivas y solo pensó en morir. Pero la discusión no duró mucho; fue interrumpida abruptamente. Una urgencia requirió la presencia de Ravana en otro lugar. Ravana dejó a Sita llorando y desesperada.

Escondida detrás de un seto estaba Sarama, la esposa de Vibhisana. Sabía lo cruel que era Ravana y conocía muy bien al mago al que se había dirigido.

"Señora casta, no llores," le a Sita dijo en un susurro. "No desesperes. Rama no puede ser derrotado por nadie. No hay nadie que pueda matarlo. Sé que en este momento su ejército ha sitiado Lanka y pronto estará aquí contigo. No pierdas la fe. Sé quién produjo esa ilusión. Hay un mago malvado que puede hacer esas cosas. Conozco bien a Vidyujjihva. No te preocupes, tu sufrimiento pronto terminará."

Ante esas palabras de Sarama, Sita se animó, quedándole agradecida. Pronto llegaron las primeras noticias de la inminente batalla.

Malas señales de advertencia

Malyavan era uno de los Raksasas más antiguos y sabios y era muy respetado en la corte. Viendo cada vez peores señales de advertencia, le aconsejó a Ravana que regresara a Sita e hiciera las paces con Rama.

Ravana rugió como un león.

"¿Qué tipo de hechizo tiene este insignificante ser lanzado sobre mis colaboradores, incluso los más cercanos, para hacer que todos le teman? ¿Has olvidado que soy Ravana? ¡Soy Ravana! He derrotado a los más grandes Devas en combate; ¿Y ahora debería tener miedo de dos hombres y un puñado de monos? ¿Se han vuelto todos unos cobardes? ¿O la edad ha oscurecido tu vista y tu razón? Solo yo, mis hijos y Kumbhakarna podemos destruir todo el universo. ¡Nadie podrá decir nunca que Ravana tuvo miedo o que se retiró de un desafío!"

Gritando, Ravana se fue a sus habitaciones.

Esa misma noche, los ejércitos tomaron posición de combate. La guerra ahora era inevitable.

Los Raksasas y los Vanaras se escrutaron y estudiaron entre sí, armados hasta los dientes. Rama y sus colaboradores más cercanos ascendieron a la montaña Suvala y tuvieron una visión general de Lanka. En esta espera pasó la noche.

Sugriva desafía a Ravana

Tan pronto como salió el sol, Rama observó cuidadosamente la ciudad y quedó impresionado por su belleza. Y allí, en lo alto de la torre más alta, Rama vio las diez cabezas de Ravana. Era él mismo.

Mientras miraban, Sugriva no pudo contener su furia y, sin consultar a nadie, dio un salto prodigioso y atacó a Ravana desde arriba. Rápido como un águila, lo golpeó con una fuerte bofetada y tiró la diadema imperial al suelo. Provocado, Ravana trató de defenderse, pero Sugriva, rebotando como una pelota, escapó de sus manos y regresó a Rama.

Rama lo reprendió severamente.

"No seas tan impulsivo. Si te hubieran hecho prisionero, habrías comprometido el éxito de nuestra misión."

Pero estaba complacido con la demostración de valor que Sugriva había dado.

Rama pensó en hacer un último intento para evitar la guerra y resolver todo pacíficamente. Envió a Angada como embajador para tratar de convencer a Ravana, pero todo fue en vano. Llevado por su propio destino ahora escrito en letras claras, Ravana rechazó cualquier discusión. Incluso trató de encarcelar a Angada, pero él logró escapar y regresó adonde Rama.

Sri Rama Candra, nacido en la tierra para destruir al malvado Raksasa, comprendió que no había nada más que hacer que cumplir su tarea.

La única solución era la guerra.

Luego dio la orden de completar el sitio de Lanka. Dentro de la ciudad hubo un gran fermento de preparativos para la guerra.

El comienzo de la guerra

Comenzaron las hostilidades.

El comienzo de la batalla fue abrumador para los Raksasas. Miles de soldados fueron alcanzados por distintas armas y cabezas, brazos, piernas y cuerpos mutilados de diversas formas terribles comenzaron a acumularse en el campo de batalla. Cayeron muchos grandes guerreros. Las flechas de Rama y Laksmana silbaron en el aire como serpientes aladas venenosas, cobrando miles de vidas. La forma de luchar de los dos hermanos era sobrehumana.

Nadie podía ver sus movimientos, ni la trayectoria de las flechas; estas solo se veían cuando llegaban. La batalla se desarrolló con mucha violencia en todos los lugares.

Mientras tanto, se elevaron gritos de alegría desde un lado del campo de batalla: Angada había derrotado a Indrajit, quien se vio obligado a retirarse. Pero volvió a entrar desde otro lado del campo de batalla y evitando encontrarse con Angada, atacó a Rama y a Laksmana directamente.

El poderoso Indrajit

El hijo de Ravana estaba en posesión de un arma particular llamada naga-pasa, que producía serpientes de las flechas que ataban o mataban a los afectados por ellas. Con gran destreza, Indrajit arrojó el arma mortal y, gravemente heridos, Rama y Laksmana cayeron al suelo, inmóviles. Parecían estar muertos. Cuando los Vanaras vieron su condición, se desesperaron y trataron de devolverlos a sus sentidos. Hubo cierto alboroto entre los Vanaras al no tener guía y no saber de quién recibir órdenes. La batalla se volvió caótica. En cambio, Indrajit regresó con su padre y le contó las buenas noticias. Ravana dio un grito de victoria.

"Finalmente volvemos a nosotros. Esos hombres no pueden enfrentarse en el campo de batalla a nuestros mejores guerreros. Guardias, ordenen a las mujeres que vigilan a Sita que la lleven al campo y le muestren la condición de Rama."

Sita en el campo de batalla

Conducida en el carro Puspaka, Sita vio el campo de batalla, donde miles de personas estaban arriesgando sus vidas por ella. Había un polvo espeso y el espectáculo de la muerte era aterrador. Vio a su marido tirado en el suelo y lloró desesperadamente, creyéndolo muerto. Pero luego se calmó al recordar:

"Los sabios del bosque me predijeron que nunca seré viuda y que llegaré a ser madre. Las predicciones de esos santos no pueden ser falsas. Rama no puede estar muerto. Tal vez esté herido o tal vez se haya desmayado".

Y justo cuando estaba absorta en esos pensamientos, Trijata se le acercó.

"Sita, no tienes por qué preocuparte," le susurró al oído. "La energía divina, su misericordia y benevolencia están de tu lado. La justicia es tu arma y nunca puede fallar; nunca será derrotada. Pronto estarás libre de este injusto encarcelamiento."

Sita fue llevada de regreso.

Laboriosamente, Rama pudo mover un brazo y luego el otro. Los Vanaras gritaron de alegría. No estaba muerto. Gradualmente recuperó la conciencia y se puso de pie. Vio a Laksmana tirado en el suelo. Al no poder lograr que se recuperara, temió haberlo perdido. En esa situación de miedo apareció Garuda, el águila que transporta a Vishnu eternamente y que es enemiga de las serpientes, y envió al naga-pasa a volar.

Laksmana volvió gradualmente a la conciencia. Al ver a Rama y a Laksmana libres del arma del terrible hijo de Ravana, los Vanaras produjeron gritos de alegría aún más fuertes, que fueron escuchados por los Raksasas. Todos volvieron a la batalla con un entusiasmo incontenible.

Generales importantes de Ravana pierden la vida

La batalla se reanudó. Los ruidos eran ensordecedores y el campo de batalla parecía un inmenso cementerio. Advertido de que sus enemigos se habían liberado de alguna manera de la influencia de los naga-pasa, Ravana envió a un poderoso general contra ellos. Este se llamaba Dhumraksha y nunca había conocido la derrota. Después de una pelea violenta, Hanuman lo mató.

Otros poderosos Raksasas fueron enviados al campo de batalla acompañados de sus batallones, pero todos corrieron la misma suerte que Dhumraksha: Vajradamshtra fue asesinado por Angada y Akampana por Hanuman.

El gran y famoso Prahasta, el colaborador y amigo más cercano de Ravana, también fue asesinado por Nila.

La muerte de Prahasta fue un duro golpe para Ravana. Su furia estalló y bajó él mismo al campo de batalla. Fue espantoso. Sembró el caos y el terror en el ejército contrario y mató miles de Vanaras en minutos.

Primero Laksmana, luego Hanuman y gradualmente otros lo confrontaron, pero tuvieron que retirarse.

Luego se encontró cara a cara con Rama. Después de una corta pero intensa pelea, Ravana tuvo que retirarse y refugiarse en Lanka.

Allí decidió poner fin a la guerra despertando al gran Kumbhakarna.

Kumbhakarna

El hermano menor de Ravana era el monstruo más aterrador que el mundo había conocido. Era enorme, poderoso, invulnerable a cualquier arma y despiadado en el combate. Fue realmente una suerte para todos que, por la bendición de Brahma, a menudo cayera en un sueño profundo que duraba meses. Ravana estaba decidido a recurrir a su hermano para ganar esa guerra que iba mal.

Cientos de soldados fueron enviados al gigantesco palacio de Kumbhakarna y trataron de despertarlo de todas las maneras. Lo llamaron en voz alta, golpearon tambores, tocaron instrumentos directamente en su oído, saltaron sobre él, pero todo fue en vano; no se despertó. Cuando respiró, provocó un fuerte viento que movió a cualquiera que fuera golpeado. Mil elefantes pasaron sobre su gigantesco cuerpo. Finalmente, se movió levemente. Se estaba despertando. Se levantó y vio a toda esa gente a su alrededor y preguntó qué estaba pasando. Todos se sintieron felices de haber podido despertarlo.

"Gran Kumbhakarna," le dijeron, "hay una situación de gran gravedad que requiere de tu intervención. Tu hermano, el rey, nos ha ordenado que viniéramos a despertarte. Él espera por ti. Quiere hablar contigo."

Habiéndose alimentado con mucha carne y sangre caliente, Kumbhakarna fue con su hermano.

Cuando salió del edificio y salió al aire libre, el efecto que tuvo fue impactante. Era tan alto y majestuoso que era visible desde kilómetros de distancia. Fuera de los muros, los Vanaras lo vieron y se estremecieron de terror: todos se preguntaron quién sería ese coloso. Rama le preguntó a Vibhisana.

"Vibhisana, ¿quién es ese monstruo gigantesco? ¡Ahí... eso! Cuando camina hace temblar la tierra y nuestros guerreros, incluso los más valientes, están atemorizados."

Vibhisana lo miró y pareció visiblemente preocupado.

"Ese es mi hermano mayor, Kumbhakarna. Si aterriza en el campo de batalla tendremos que prepararnos para una batalla muy dura. Kumbhakarna es terrible cuando pelea."

Animando a los soldados y dándoles instrucciones, Rama se preparó para la lucha.

Y mientras sus enemigos se preparaban, Kumbhakarna entró en el palacio real. Ravana lo volvió a ver con alegría.

Contó los últimos acontecimientos de la crisis. Sólo entonces supo Kumbhakarna cuántos buenos amigos y soldados habían muerto. Desde el principio, nunca había compartido el comportamiento de su hermano, por lo que todo eso solo confirmó lo que tanto él como algunos otros habían previsto.

"Poderoso Kumbhakarna," dijo Ravana, "alivia esta gran ansiedad. Mi enemigo está demostrando ser más

Yuddha Kanda

fuerte de lo esperado y muchos de nuestros queridos amigos ya han perdido la vida. Incluso Prahasta está muerto. Puedes liberarme del peso de esta angustia. Ayudame por favor."

"Hermano mío," respondió Kumbhakarna entristecido por la noticia, "no quisiste escuchar los buenos consejos de tus verdaderos amigos, siendo el primero entre ellos Vibhisana, a quien ahuyentaste y que ahora está en las filas de tus enemigos. Estas son las reacciones que ahora necesitas afrontar. Nunca compartí tu comportamiento con respecto al secuestro de Sita, pero te sentiste abrumado por la lujuria y los malos consejeros. Sin embargo, ahora hemos ido demasiado lejos como para esperar soluciones diferentes. Como te dije antes, estoy dispuesto a luchar y, si es necesario, a dar mi vida por ti. Pero recuerda lo que ya te dije: todos cosechan lo que siembran."

Ravana, habiendo escuchado lo que quería oír, a saber, que su hermano descendería al campo de batalla, no dio peso a los reproches, seguro de la victoria final.

"No sabes lo feliz que me hace escucharte hablar así," respondió. "Nunca hubo nadie que pudiera enfrentarse a ti. Ve, pues, y destruye a nuestros enemigos."

Antes de irse, Kumbhakarna volvió a regañar a Ravana por sus errores y Mahodara, uno de los generales, respondió y regañó a Kumbhakarna de nuevo. En el curso de la discusión, Mahodara sugirió que se pusiera en marcha una artimaña para conquistar a Sita y así poner fin a la guerra.

Kumbhakarna, indignado, rechazó cualquier truco, considerándolos indignos de un guerrero valiente y decidió ir directamente al campo de batalla. Después de reunir a su ejército, el Raksasa más grande que jamás haya existido salió de las murallas de la ciudad y se dirigió a donde se estaba librando la batalla.

Cuando los Vanaras vieron que el horrible monstruo se acercaba con ojos llenos de furia que brillaban como brasas, huyeron aterrorizados. Angada, viendo a las tropas puestas en fuga por Kumbhakarna, recuperó a los fugitivos y los consoló. Y, con un acto de supremo valor, se lanzó contra el enemigo. Estalló una batalla aterradora.

El Raksasa inmediatamente causó una carnicería aterradora y los Vanaras supervivientes huyeron aterrorizados. No había forma de luchar contra esa montaña en movimiento, contra la cual todas las armas parecían ineficaces. Angada organizó otro batallón compuesto por los soldados más valientes dirigido por los mejores generales y nuevamente marchó contra el gran Raksasa.

Las hostilidades estallaron con más ferocidad que nunca y Kumbhakarna causó enormes pérdidas al enemigo. Luchó con todos los medios disponibles, con una furia inaudita, devorando sin descanso a docenas de grandes Vanaras a la vez. Tantos fueron arrojados a su boca que muchos salieron de su nariz y de oídos. Siendo atacado por todos lados por miles de enemigos enojados, sin hacer caso de las muchas heridas causadas por lanzas, espadas, garrotes, rocas e incluso mordidas y rasguños, Kumbhakarna continuó destruyendo divisiones enteras de poderosos Vanaras, todos fuertes como leones y

Yuddha Kanda

rápidos como el viento. Parecía invulnerable; ningún arma lo afectaba.

Al derrotar a grandes generales como Hanuman, Kumbhakarna parecía la muerte personificada: dondequiera que iba, reclamaba muchas víctimas. A esas alturas, la mayoría de ellos solo intentaban escapar tan pronto como él se acercaba. Cubierto de la cabeza a los pies de armas, de sangre y de los cuerpos de enemigos vivos y muertos, Kumbhakarna era impresionante a la vista.

Armándose de valor, el fuerte Angada dio un salto prodigioso y golpeó al Raksasa en el pecho con un poderoso puñetazo. Por primera vez, Kumbhakarna pareció sentir el golpe, pero inmediatamente se recuperó y contraatacó. El valiente Vanara, arrojado por la violencia del golpe recibido, se desmayó.

Sugriva, enfurecido por las bajas que sufría su ejército causadas por ese monstruo, intervino y, en medio del clamor de la batalla, se enfrentó a Kumbhakarna en un frenético duelo. Habiendo sido golpeado por él, se desmayó. Al ver al rey de sus enemigos en el suelo inconsciente, Kumbhakarna decidió llevarlo prisionero a Lanka. Así que lo agarró, lo puso sobre sus hombros y se dirigió a la ciudad. Nadie intentó estorbarlo. Cuando los Vanaras vieron a Sugriva capturado, pensaron que ya no sería posible contar con la victoria final.

El desánimo fue total.

Cuando Kumbhakarna entró a la ciudad llevando al cautivo rey Vanara, todos lo celebraron. En ese momento, Sugriva recuperó la conciencia y se dio cuenta de lo que estaba sucediendo. Se vio siendo transportado a la ciudad por el gigantesco Raksasa. Estaba rodeado de miles de enemigos que vitoreaban a Kumbhakarna creyendo que la guerra ya estaba ganada. De inmediato reaccionó violentamente. Con las uñas le arrancó la mitad de una oreja al coloso y con los dientes le cortó la nariz. Kumbhakarna, gritando de dolor, tomó al Vanara y lo tiró al suelo.

Rebotando prodigiosamente como una pelota, Sugriva saltó y se reunió con su ejército. Todos celebraron la hazaña inconcebible de Sugriva.

Rama mata a Kumbhakarna

Fuera de sí, furioso, herido y sangrando, Kumbhakarna agarró un garrote gigante y regresó al campo de batalla. En el camino devoró salvajemente a miles de Vanaras y reinició su aterradora carnicería.

Al ver que nadie más podía enfrentarlo, Laksmana decidió intervenir. Desde su arco salieron disparadas innumerables flechas de fuego a una velocidad inconcebible que penetraron el cuerpo del Raksasa como serpientes entrando en sus guaridas. Kumbhakarna se rió entre dientes con voz hueca, burlándose del joven príncipe.

"He visto lo que vales," le dijo, "pero no quiero pelear contigo, solo quiero pelear contra Rama."

Pasó corriendo junto a Laksmana y vio a Rama en la distancia. Como mosquitos revoloteando y pereciendo en un gran incendio, miles de Raksasas se enfrentaron al hijo de Dasaratha. Verlos pelear era un espectáculo.

Yuddha Kanda

Al ver morir a sus soldados sin siquiera poder defenderse, Kumbhakarna corrió furiosamente hacia Rama, rugiendo como un león. En ese punto, la batalla estalló aún más feroz e indescriptiblemente violenta. Mientras corría, ansioso por luchar contra Rama, Vibhisana lo detuvo.

"¡Detente, Kumbhakarna. Lucha contra mí en lugar de contra Rama!" le gritó.

Kumbhakarna se detuvo y lo miró, lleno de afecto fraternal.

"Tú, Vibhisana," le dijo, "siempre has sido el único de nuestra raza que no se ha desviado del camino de la rectitud. Nunca te has dejado llevar por los deseos y el odio. Por esto no debes morir. Golpéame entonces: no reaccionaré contra ti. Lo que está sucediendo en esta guerra es el resultado lógico de la estupidez de nuestro hermano. ¿Qué puedo hacer al respecto? Estoy ligado por los lazos familiares y el afecto y no puedo retirarme de esta lucha. Usaré todo el poder que tengo para tratar de que Ravana salga victorioso, aunque sé que al final seremos derrotados y que tú serás quien gobernará nuestro reino, perpetuando la línea del noble Pulastya."

Vibhisana se sintió conmovido por esas sabias palabras.

"Muchas veces le he dado buenos consejos a nuestro hermano," le dijo, "pero él nunca ha querido escucharme con seriedad. Es su culpa que ahora nos encontremos como enemigos en este campo de batalla. No puedo golpearte, eres mi hermano."

Dicho esto, con los ojos llenos de lágrimas, observando la terrible carnicería que se estaba produciendo a su alrededor, se sentó en una roca y apoyó la barbilla en el puño, absorto en quién sabe qué pensamientos.

Con una última mirada a su hermano, Kumbhakarna se abalanzó impetuosamente contra Rama. Los dos se enfrentaron. Rama arrojó miles de flechas al enemigo y Kumbhakarna reaccionó de la misma manera. El duelo fue muy violento.

Pero en el libro divino donde están escritas las vidas de todos, se desplazaban las últimas palabras en las páginas relativas al Raksasa. Estos fueron los últimos momentos de su vida. Rama apuntó una poderosa flecha a su brazo derecho, desprendiéndolo limpiamente. Aun así, el valiente Kumbhakarna continuó la lucha como si nada hubiera pasando. Rama le disparó una flecha similar que le arrancó el brazo izquierdo. El brazo, al caer desde esa altura aplastó bajo su peso muchos árboles, Vanaras y Raksasas. Kumbhakarna siguió avanzando, así, ya sin sus brazos, aplastando a los enemigos bajo sus pies. Con frialdad, Rama también le cortó las dos piernas.

Pero ni siquiera en esa condición, completamente mutilado, se detuvo el glorioso Kumbhakarna. Se arrastró hacia adelante con la boca bien abierta y devoró muchos Vanaras, aplastándolos entre sus dientes. Entonces, se dirigió a Rama.

Al verse cerca de la peligrosa boca abierta, el príncipe la llenó de flechas llameantes. Sintiéndose cerca de la victoria, Rama colocó una gran flecha en el arco y recitó el mantra de Indra con gran devoción: con ira y con gran fuerza la arrojó al cuello del enemigo. Y la cabeza del glorioso Kumbhakarna se desprendió del cuerpo y rebotó en el campo de batalla, causando numerosas bajas en ambos ejércitos. Rebotando varias veces, se sumergió en el mar y se hundió. Así, el gran Kumbhakarna, que era como una espina en el costado de la gente pacífica, fue derrotado y asesinado por Rama.

Indrajit

Cuando la cabeza de Kumbhakarna se hundió en el mar, el cielo se despejó y una atmósfera de paz se extendió por todas partes. Desde arriba se escucharon las voces de los Devas y los sabios felicitando al ganador y agradeciéndole por ese acto virtuoso. Los Vanaras suspiraron aliviados. Ese monstruo se había convertido en su pesadilla y ahora que lo habían matado, la victoria final parecía más cercana y más probable.

Al ver el cuerpo mutilado y sin vida de Kumbhakarna, los Raksasas se retiraron y detuvieron la batalla. La mala noticia llegó al palacio: Ravana no podía creerlo. ¿Su querido hermano, el gran e invencible Kumbhakarna asesinado? No podía superarlo.

"¿Cómo pudieron matarlo? ¿Dónde encontraron el poder necesario para hacer algo así? ¡Mi hermano no pudo haber sido derrotado! Combatió con los Devas más grandes del universo y siempre ganó. ¿Cómo pudo haber pasado eso?

Angustiado por la pérdida de su querido hermano, Ravana se lamentó patéticamente. Fue su guerrero más valiente. Para animarlo, sus hijos decidieron salir personalmente al combate, acompañados de numerosos batallones. Pero lo que parecía imposible siguió siendo una amarga realidad. El destino de quienes están equivocados a menudo se vuelve contra toda lógica.

Angada mató a Narantaka, uno de los hijos de Ravana y Hanuman mató a su hermano Devantaka. Nila mató al gran Mahodara y Rishabha mató a Mahaparsva. Diezmados y humillados, los Raksasas, liderados por el hijo de Ravana, Atikaya, lanzaron otra ofensiva. La batalla se desarrolló de nuevo, furiosamente. La lucha cuerpo a cuerpo fue despiadada. Laksmana se enfrentó al valiente Atikaya y lo mató.

Implacablemente, las noticias de las derrotas y muertes de sus seres queridos continuaron llegando a oídos de Ravana, quien lamentó su pérdida.

Temiendo por la seguridad de Lanka, el propio Ravana organizó la defensa de la ciudad en sus puntos estratégicos.

Indrajit regresa al campo de batalla

Indrajit regresó al campo de batalla. La forma en que luchó fue maravillosa. Podía moverse libremente en el cielo y la tierra a gran velocidad. Podía aparecer y desaparecer como quisiera cuando y como quisiera, y había recibido armas mortales de Brahma.

Habiendo realizado un sacrificio que lo hizo aún más fuerte, Indrajit apareció en el suelo donde la lucha se desataba. Allí comenzó su obra de destrucción. Asesinados por cientos por las terribles flechas del Raksasa, los Vanaras comenzaron a caer sin vida. Incluso los soldados más fuertes no pudieron pararse ni por un momento frente al hijo de Ravana.

Indrajit necesitaba ganar tiempo: agarró una flecha, la cargó con un mantra dedicado a Brahma y la arrojó a los enemigos. Hubo una explosión: miles de Vanaras cayeron inconscientes al suelo. Incluso Rama y Laksmana perdieron el conocimiento. Victorioso y optimista, Indrajit se retiró para llevar la buena noticia a su padre.

Hanuman trae montañas a Lanka

Fue una noche fresca. Soplaba una ligera brisa y la luna estaba llena. No parecía estar en medio de una de las guerras más terribles jamás libradas. Después de la explosión del arma de Indrajit, todo quedó en silencio. Los Raksasas se habían retirado, asustados por la idea de que ellos mismos pudieran ser víctimas de esa arma. Se mantuvo el silencio.

Guerra, violencia: ¿hay razones, justificaciones para su existencia? Esa vez lucharon por una causa justa, esa vez lucharon por la paz, por la justicia, para dar una vida más pacífica a tantas personas que por mucho tiempo sufrieron la opresión de esos Raksasas. No hubo tiempo para recostarse y disfrutar de la brisa. Había que ganar esa guerra.

Los Vanaras que no fueron alcanzados por el arma de Indrajit miraron a su alrededor con asombro. ¿Cuántos de ellos yacían en el suelo muertos o inconscientes? Muchos, demasiados.

La potencia de esa arma era inaudita. También vieron a Rama y a Laksmana tendidos en el suelo y corrieron en su ayuda, pero nadie encontró el remedio para reanimar a los dos hermanos. Vibhisana estaba entre los que no habían sufrido daños. Corrió al lugar y vio lo que había sucedido.

"¿Por qué estás triste y desanimado?" dijo en voz alta. "Indrajit obtuvo esa arma del propio Brahma; ¿cómo podrían Rama y Laksmana faltarle el respeto y no sentirse abrumados? No están muertos, mírelos bien, todavía respiran."

Hanuman se inclinó sobre sus cuerpos y les masajeó las extremidades.

"Sabio Vibhisana," preguntó con tristeza, "¿qué podemos hacer para recuperar a Rama, a Laksmana y a todos estos queridos compañeros que han caído heridos por esta terrible arma? Dinos, ¿qué se debe hacer?"

"¿Dónde está Jambavan?" Vibhisana respondió. "Él es el hijo de Brahma. Seguro que sabrá neutralizar esta arma que pertenece a su padre. Búscalo y reza para que siga vivo."

Era de noche y no se veía casi nada. No fue fácil buscar a una persona entre los millones de cuerpos que yacían en el suelo. A la luz de las antorchas, Hanuman buscó con gran ardor. Su corazón estaba muy triste al ver también a Sugriva, Angada, Nila, Sharabha y muchos otros compañeros tirados en el suelo, sangrando e inconscientes. Después de un rato encontraron a Jambavan, también gravemente herido, como una llama que está a punto de apagarse. Vibhisana lo llamó suavemente.

Yuddha Kanda

"Venerable señor, querido amigo," suplicó. "Espero que debido a las flechas del terrible Indrajit tu vida no esté llegando al final. ¿Cómo te sientes?"

"Mis ojos se oscurecen," respondió Jambavan con voz débil, "y ya no siento mi fuerza. Ha sido terrible. ¿Hanuman sigue vivo? Si aún está entre nosotros, todavía hay esperanzas de lograr la victoria, pero si ha muerto, entonces podemos considerarnos derrotados."

Jambavan preguntó repetidamente si Hanuman todavía estaba vivo. Humildemente, Hanuman se acercó y lo llamó, haciendo oír su voz. Jambavan sonrió y negó con la cabeza.

"Hanuman, valiente hijo del Deva del Viento, debes salvar nuestro ejército y la vida de Rama y Laksmana. El arma de Brahma, arrojada por un guerrero del calibre de Indrajit, es indiscutible. Solo tú, ahora, puedes ayudarnos. Ve al Himalaya y busca las hierbas medicinales que ahora te describiré. Estas hierbas tienen un fuerte poder curativo y pueden hacer que el arma de Indrajit desaparezca. Date prisa; nuestro destino depende de ti."

Jambavan le describió la montaña y las hierbas. Hanuman se fue a toda prisa y volvió a cruzar el océano. Pronto llegó a las montañas del Himalaya.

Tan pronto como las hierbas que reinaban sobre esas montañas lo vieron acercarse, se retiraron del suelo y desaparecieron de su vista. Al no poder encontrarlas, Hanuman se irritó y desarraigó la montaña. El hijo de Vayu llevó la montaña Rishabha a Lanka. Los Vanaras fueron tratados con esas hierbas, y sus heridas curaron inmediatamente.

Los Vanaras pasaron la noche cuidando a los heridos. Aliviados y emocionados por la breve tregua, a la mañana siguiente lanzaron un vehemente ataque contra las murallas de la ciudad y lograron penetrar por varios lugares. La batalla fue encarnizada: miles de cuerpos mutilados pavimentaron el terreno. Los Vanaras entraron en la ciudad y comenzaron el trabajo de destrucción. El fuego se encendió por todas partes, quemando cientos de casas. Devastada por el fuego y los asediada por numerosos y poderosos Vanaras, Lanka adquirió una apariencia fantasmal. Muchos Raksasas comenzaron a huir, tratando de salvar sus vidas.

Ravana, cada vez más fuera de sí por la frustración, envió a sus guerreros más fuertes, pero todos fueron derrotados. Angada mató a Kampana y a Prajangha y Dvivida mató a Sonitaksha. Mainda mató a Yupaksha y Sugriva a Kumbha.

Después de un feroz duelo, Hanuman logró eliminar a uno de los hijos de Kumbhakarna, el poderoso Nikumbha. La batalla continuó feroz y violenta.

Llevados por el ineludible destino, los Raksasas fueron derrotados puntualmente.

Indrajit derrotado

La última noticia que le llegó a Ravana fue intolerable. Entonces, llamó a Indrajit, su hijo mayor, quien conseguía gran parte de su poder a través de los malvados sacrificios negros que celebraba a diario.

Yuddha Kanda

Después de haber terminado una de sus ceremonias, Indrajit reapareció en escena. Al verlo, los Vanaras se aterrorizaron y huyeron. Rama miró a su hermano.

"No hay nada que hacer. Mientras Indrajit esté vivo no podemos ganar esta guerra," le dijo. "Mira, después de haberse enfrentado a guerreros muy poderosos, todos huyen cuando Indrajit se presenta. Asusta a todo el mundo. Tenemos que encontrar una manera de deshacernos de él de inmediato."

Justo cuando Rama decía esas palabras, de un solo golpe cayeron muertos miles de Vanaras y hasta los propios hermanos resultaron gravemente heridos. Ordenaron una retirada para encontrar formas de poner fin a la continua amenaza que representaba Indrajit.

En realidad, Indrajit, que aún no había completado un sacrificio diabólico que lo hiciera prácticamente invencible, quería ganar tiempo. Para desanimar a sus enemigos, creó una imagen viva de Sita y la decapitó frente a todos. Los Vanaras, al ver esa horripilante escena y al escuchar los terribles rugidos de Indrajit, huyeron por todos lados. Hanuman reunió al ejército que huía y reanudó la ofensiva. Pero Indrajit ya no estaba; se había escabullido y pudo llegar rápidamente al santuario de Nikumbhila. Allí se estaba preparando para continuar con sus ceremonias.

La noticia de la muerte de Sita llegó a Rama. ¡No lo podía creer! ¿Sita asesinada por Indrajit? Rama pensó que había llegado el final. Laksmana, fuera de sí, lanzó un grito de rabia.

"¡Hoy destruiré a todos los Raksasas del universo!"

Y preparó sus armas. Pero Vibhisana, que había ayudado a Rama a recuperarse, lo detuvo.

"Rama, Laksmana, no caigan en esa trampa," les dijo a los dos hermanos. "Esa forma que fue asesinada no era Sita. Ravana nunca permitiría tal cosa. A Indrajit se le ocurrió este truco diabólico solo para ganar tiempo. Estoy seguro de que ahora mismo está en Nikumbhila terminando algún sacrificio. Escúchenme: no debemos dejar que lo complete. Si logramos detenerlo, podremos matarlo. Envía a Laksmana conmigo, le mostraré el camino al santuario. Acabemos con la vida de este ser maligno."

Aliviado, Rama envió a Laksmana a Nikumbhila, acompañado de una enorme fuerza. Liderados por Vibhisana, llegaron rápidamente. Tal y como lo sospechaban, allí vieron las tropas de Indrajit haciendo guardia. Al ver que el enemigo se acercaba en un momento inoportuno, intentaron entablar combate con ellos para que su comandante pudiera terminar el sacrificio. Con furia, Hanuman se abalanzó sobre las tropas del Raksasa y las diezmó. Luego llamó a Indrajit para que saliera y lo retó a un duelo. El hijo de Ravana salió del santuario y Laksmana fue el primero en verlo.

Desafiado por Laksmana, Indrajit se apresuró impetuosamente a encontrarse con él. Su apariencia era terrible y su fuerza incomparable. En un momento, su valor e inteligencia le habían permitido derrotar incluso a Indra, el rey de los planetas celestiales. Cuando vio a Vibhisana junto a Laksmana, Indrajit lo reprendió duramente diciéndole:

Yuddha Kanda

"Eres un traidor de tu raza. ¿No te da vergüenza que te vean junto a nuestros enemigos mientras matas a tus hermanos y amigos? ¡Debería darte vergüenza! Solo eres un vil traidor que aspira al trono de su hermano."

"Eres como un niño carente de juicio y experiencia," respondió Vibhisana, "y tu crueldad no tiene límites. Me he puesto del lado de los que ustedes llaman enemigos porque no soy de la misma naturaleza que ustedes y no disfruto de actividades impías. Me he puesto parte de ellos para librar al mundo de personas malvadas como tú. Mira bien este mundo; hoy es tu último día."

Aunque consciente de que no había terminado el sacrificio, Indrajit miró a Laksmana y se arrojó sobre él. El choque fue feroz. Mientras Laksmana se encontraba personalmente comprometido contra el enemigo, Vibhisana tomó el mando de los Vanaras contra los soldados. Pronto Indrajit perdió su carro y su auriga y se encontró en una posición desventajosa. Rápidamente le trajeron un carruaje nuevo y otro conductor, y el duelo se reanudó.

Mientras Vibhisana y Hanuman masacraban a las tropas del Raksasa, Laksmana vio la oportunidad de acabar con la existencia de Indrajit. Un momento de distracción le resultó fatal: una flecha cargada de mantra decapitó al valiente hijo de Ravana.

Estaba hecho. Todos dejaron escapar un suspiro de alivio. La pesadilla había terminado. Los pocos supervivientes entre los Raksasas huyeron despavoridos presas del pánico.

Rama y Ravana se enfrentan en el campo de batalla

Hubo grandes celebraciones entre los Vanaras por la muerte de Indrajit. Rama abrazó a Laksmana con afecto e hizo que Sushena curara sus numerosas heridas.

Ciertamente, Ravana no se regocijó. Indrajit era su hijo más querido y lo amaba como a nadie. En un ataque de rabia, Ravana decidió matar a Sita, la causa de todas sus desgracias: pero el Raksasa Suparsva lo convenció de que renunciara cometer tal acto innoble.

Mientras tanto, la batalla continuaba. Rama y los Vanaras continuaron en el trabajo de destruir a las tropas enemigas. A pesar del gran clamor de la batalla, en Lanka se escucharon los sinceros gritos de las Rakshasis que lamentaban amargamente la pérdida de sus maridos, hijos, padres y nietos. Era una escena desgarradora. Ahora parecía que no había más esperanza. En todas partes reinaba el caos, el dolor, la muerte. Al ver la situación comprometida y las tropas diezmadas y aterrorizadas, Ravana personalmente se dirigió al campo de batalla. Y el efecto para los Vanaras fue devastador: miles de cabezas, brazos, manos y piernas saltaron en el aire simultáneamente, la velocidad y precisión de Ravana en el combate eran inconcebibles.

En otra parte del campo de batalla, Sugriva luchaba valientemente. Mató a dos generales famosos llamados Virupaksha y Mahodara.

Finalmente, Rama y Ravana se encontraron frente a frente, cara a cara.

Después de un furioso intercambio de palabras, comenzó el histórico duelo, muy parecido a la lucha entre Vishnu y los grandes Asuras. En cierto momento, al ver a Laksmana frente a él, el que había matado a su hijo Indrajit, Ravana le arrojó la lanza que había recibido como regalo de Maya Danava. Golpeado por esa lanza de hadas, Laksmana cayó al suelo como si estuviera muerto. Rama vio a su hermano gravemente herido, salió del carro y sacó la lanza de su pecho, sin hacer caso de la lluvia de flechas que Ravana le arrojó. Furioso, Rama miró a Sugriva que no estaba lejos.

"Amigo Vanara," dijo con los dientes apretados, "que seas mi testigo de este voto: "hoy este mundo quedará sin Ravana o sin Rama." Y ten la seguridad de que no seré el perdedor. Hoy le traeré felicidad a todos al destruir a este monstruo malvado."

Laksmana estaba en una condición precaria. Respiraba con dificultad. La herida era muy profunda. Rama confió a su hermano al experto médico Sushena y volvió a luchar. Hanuman fue enviado de regreso al Himalaya para obtener las hierbas de la montaña Mahodaya, pero no pudo reconocerlas. Nuevamente hizo un esfuerzo sobrehumano para remover la montaña y llevarla a Lanka. Cuando Laksmana fue sanado, Hanuman devolvió la montaña a su lugar original.

Rama mata a Ravana

En los planetas superiores, los Devas observaban con aprensión. Rama ya había logrado algunas victorias importantes y había buenas esperanzas de que todo saliera bien. Pero ahora el mismo Ravana estaba luchando. Conocían bien las capacidades del Raksasa. Indra estaba preocupado y pensó en ayudarlo. Al ver a Rama enfrascado en una feroz lucha contra el archienemigo, el líder celestial envió su carro para ayudarlo.

Matali, el conductor del carro de guerra de Indra, se presentó frente a Rama y le ofreció su ayuda. Rama aceptó felizmente y montó el legendario carro. Y la batalla continuó durante mucho tiempo, ninguno de ellos estaba a salvo y se dieron fuertes golpes: Rama golpeó a Ravana, Ravana golpeó a Rama, pero ninguno parecía ser capaz de vencer al otro. En una ocasión, Ravana fue herido por Rama y se desmayó en su carro, por lo que fue sacado del campo de batalla. Cuando recuperó el conocimiento, el Raksasa regañó duramente a su auriga y se apresuró a regresar.

La pelea se reanudó y se prolongó durante mucho tiempo. Rama estaba cansado y preocupado. No pudo sacar lo mejor de eso. Sintió que el deseo de luchar se desvanecía. Agastya era uno de los sabios que estaba viendo el duelo desde el cielo.

"Rama, recita constantemente la oración del Deva del sol conocida como aditya-hridaya," le sugirió con una voz etérea. "Gracias al poder de este mantra podrás matar a Ravana."

Animado por la sugerencia del famoso santo, Rama reanudó la lucha con vigor, poniendo a su enemigo en graves problemas. Se vieron presagios favorables a su alrededor, pero en el lado de Ravana aparecieron señales funestas. Rama estaba seguro; esas señales indicaban que la victoria estaba cerca. El enfrentamiento entre los dos guerreros fue el más feroz de todos, pero llegó el momento fatal.

Al disparar poderosas flechas a las colinas del enemigo, Rama cercenó las diez cabezas de Ravana una tras otra. Pero tan pronto como eran desprendidas, otras resurgían instantáneamente. Ravana parecía invulnerable. Entonces Rama decidió usar el arma de Brahma. Recitando con la mayor devoción las mejores oraciones a Brahma, el príncipe colocó una flecha en su arco y la arrojó al corazón del Raksasa. Hubo un rugido ensordecedor: la flecha dio en el blanco y el corazón del Raksasa se partió en dos. Ravana cayó al suelo sin vida.

Fue así como Rama, el hijo de Dasaratha, le restauró la paz y la serenidad a todos al matar al demonio más grande y cruel que existía.

El funeral

Al ver a Ravana muerto, los Raksasas supervivientes se rindieron. Todo se calmó; se hizo el silencio.

Poco a poco, con cautela, las primeras mujeres, niños y ancianos salieron de las casas y refugios. Los Vanaras se retiraron y los dejaron salir. Por todas partes hubo escenas de dolor. Unos se inclinaban sobre los cuerpos de algunos niños, otros eran esposos o madres; la escena que se presentaba a la vista era lamentable. Incluso Vibhisana se lamentó amargamente por la pérdida de tantos seres queridos. Rama lo consoló y lo invitó a asistir al funeral. Al caer la tarde, el campo de batalla adquirió un aspecto cada vez más fantasmal.

Particularmente patético fue el lamento de Mandodari por la muerte de su esposo e hijo Indrajit.

El día del funeral de Ravana, Rama, quien había sido el principal arquitecto de la victoria, coronó a Vibhisana como rey de Lanka.

Todos esperaban una sola cosa: ver a Rama reunirse con Sita.

"Sita ha sufrido durante mucho tiempo," le dijo Rama más tarde a Hanuman, "y es justo que se le notifique lo antes posible del éxito de nuestra misión. Ve a verla entonces y dile que Vibhisana es ahora el rey de Lanka y que desea verla."

Rama ve a Sita

Rama estaba serio, controlado, como si el gozo de la victoria no lo tocara. Todos lo miraban. Había algo extraño en sus palabras. ¿Por qué había dicho que Vibhisana quería verla? Hanuman corrió hacia Sita. La encontró desconsolada, sentada bajo el mismo árbol en el mismo jardín. Cuando lo vio, su rostro se iluminó. Sus ojos, ansiosos, lo cuestionaron.

"He venido a traerte noticias de los últimos eventos," dijo Hanuman sonriendo. "Tu sufrimiento ha terminado. Este injusto encarcelamiento ha llegado a su fin. Finalmente eres libre. Lanka fue conquistada y Ravana fue asesinado junto con sus familiares y generales. Ahora Vibhisana es el Señor de Lanka y quiere verte. Entonces, alístate. Te llevaré con él."

Tal fue la alegría que Sita sintió en su corazón, que no podía pronunciar ni una palabra. Hanuman miró a las guardianas que intentaban esconderse, aterrorizadas.

"Princesa," dijo Hanuman con el ceño fruncido. "Si quieres puedo matar a estas Rakshasis que te han causado dolor durante tanto tiempo."

"No, valiente Hanuman," dijo Sita con una dulce sonrisa, "no las lastimes. Eran esclavas y actuaron solo porque fueron obligadas por las órdenes de Ravana, quien ya recibió el justo castigo. No quiero más venganza, no quiero más sangre. No les hagas daño."

Así, le concedió la libertad a todas y luego se preparó para encontrarse con Rama.

Mientras tanto, Vibhisana y Rama, esperando la llegada de Sita, estaban hablando entre ellos.

"Por fin ha llegado el momento en que podrás ver de nuevo a tu Sita," dijo Vibhisana.

Pero Rama no respondió. Con la mirada perdida, absorto en pensamientos profundos, permaneció en silencio. Sus ojos estaban llenos de lágrimas.

Sita subió al palanquín para ser llevada frente a Rama mientras los Raksasas mantenían a raya a la multitud que quería verla. Rama escuchó que había un cierto clamor fuera de la puerta y miró por la ventana.

Vio que todos se habían retirado para dejar pasar el palanquín y eso no le gustó. Ordenó que hicieran que Sita caminara hacia él.

Cuando le dijeron a Sita el deseo de su marido, salió de la litera sin hacer ningún comentario. Vibhisana comprendió que había algo extraño en la mente de Rama.

Hacer que Sita viniera a pie y pasara entre la multitud era una falta de respeto hacia ella. Janaki entró en el gran salón que había sido de Ravana y cuando vio a Rama, no pudo decir nada. Solo pudo contemplar ese hermoso rostro tan parecido a la luna.

"Hoy celebramos esta importante victoria," le dijo Rama, "con la que fuiste liberada. Así que he vengado mi honor. Todo esto fue posible gracias al valor de Hanuman, Vibhisana, Sugriva y todos los demás. Ahora eres libre, puedes hacer lo que quieras. Pero debes saber que no puedo aceptarte como esposa, porque hay dudas sobre tu pureza. Si te aceptara, el descontento aumentaría en la gente y ya no me respetarían. Cuando no se respeta a un rey, todo se desmorona y la gente sufre. Quiero que todos sean felices en su lugar. Haz lo que quieras, entonces, pero no puedo aceptarte sin tener prueba de tu pureza."

La prueba de Sita

Sita no podía creer lo que estaba escuchando. Se preguntó si su sufrimiento terminaría algún día. ¿Por qué tenía que sufrir un destino tan cruel?

"Si quieres, puedes pedirle protección a Laksmana," continuó Rama, "o a Bharata, o a Vibhisana, o a Sugriva o a cualquier otra persona. Pero sin una prueba irrebatible de tu pureza, no puedo llevarte conmigo."

Esas duras palabras fueron tan fuertes que casi rompieron el corazón de Sita. Se sintió como si hubiera sido alcanzada por un rayo. Cálidas y copiosas lágrimas brotaron de esos ojos tan hermosos, tan parecidos a los pétalos de la flor de loto. Sita tardó unos minutos en hablar y le dijo:

"¿Por qué me dices estas palabras tan crueles? ¿No ha sido suficiente lo que he sufrido hasta ahora? Mi pureza en hechos y pensamientos siempre ha permanecido intacta. ¿Quién no sabe que si me quedé en la casa de Ravana fue porque me vi obligada a hacerlo?"

Pero no había mucho que discutir. Rama la miró con ojos llenos de amor pero firmes en los principios que eran el hilo conductor de su existencia. Sita entendió que tenía que demostrar su pureza o nunca volvería a ver a Rama. Se volvió hacia Laksmana y le dijo:

"Prepara una pira. Soy casta y pura y no tengo ni la menor mancha; entraré en esas llamas. Una mujer verdaderamente casta no puede ser tocada ni siquiera por el fuego. Si Agni me proteje, significará que siempre me he mantenido fiel a mi esposo. Si por el contrario, muero quemada por las llamas, eso probaría que he sido infiel.

Rama no dijo nada. Su rostro permaneció inmutable. De mala gana, según el deseo de Sita, Laksmana preparó una pira y le prendió fuego. Después de ofrecer respeto a su esposo y a los dioses, Sita entró con determinación. La multitud gritó, creando un alboroto que sacudió la ciudad.

Mientras Sita estaba envuelta en llamas, Rama parecía hecho de piedra; no se movió, no dijo nada, miró el fuego y pensó. Y en ese momento, de repente, se escucharon voces celestiales y los Devas, con Brahma a la cabeza aparecieron ante todos.

"Oh, Rama," dijo Brahma, "¿por qué actúas como si fueras un simple mortal? Sabes que todos somos tus subordinados y que tu esencia espiritual impregna toda la creación. No cometas esta injusticia con Sita, que es la más casta de las mujeres."

Rama pareció asombrado por esa declaración.

"Oh, creador del universo," dijo Rama humildemente, "Soy Rama, el hijo de Dasaratha, y por nacimiento soy un hombre. Lo que estás afirmando me sorprende. Entonces, ¿quién soy realmente? ¿Cuál es mi verdadera identidad?"

"Eres la encarnación del Señor Supremo Narayana," respondió Brahma, "el Dios glorioso que sostiene el disco Sudarshana en su mano. Eres el eterno e invencible Señor Vishnu, quien es eternamente llevado por Garuda. Apareces en innumerables encarnaciones para proteger a tus devotos y destruir a los malvados y con el ejemplo personal estableces los principios eternos de la religión y el comportamiento humano."

Así, Brahma reveló públicamente la verdadera identidad de Rama. Tan pronto como Brahma terminó su declaración, Agni emergió de las llamas con Sita a su lado.

"Ante todos, testifico que Sita es pura e inmaculada," proclamó el Deva del Fuego.

Rama con alegría tomó a Sita de la mano y le sonrió. Sita lloró de felicidad.

Los Devas felicitan a Ravana

Entre los Devas también estaba Shiva. Dando un paso adelante, se volvió hacia el glorioso rey y le dijo:

"Oh, Rama, gracias a ti el cruel Ravana fue asesinado y esto ha devuelto la serenidad a todos los pueblos. Aquí, entre nosotros, está tu padre, Dasaratha, que estaba esperando la finalización del período prometido para que Kaikeyi accediera a los planetas celestiales. Hoy se acabó el tiempo. Dasaratha regresará con nosotros a los planetas de las alegrías que ha merecido."

Ante esas palabras, Rama miró más de cerca entre los numerosos semidioses que estaban frente a él y vio a Dasaratha. Rama y su hermano le ofrecieron respetuosas reverencias.

"Mi querido hijo," le dijo Dasaratha, "gracias a tu rectitud ahora puedo llegar a los planetas donde la vida es larga y feliz. Quien tiene un hijo como tú tiene mucha suerte."

Indra le sonrió a Rama.

"Oh, Indra," le dijo Rama, "si al matar a Ravana te he satisfecho, por favor devuelve la vida a los Vanaras que cayeron en el campo de batalla."

El rey de los Devas estuvo de acuerdo. En ese día de suprema alegría todos celebraron y fueron inmensamente felices.

Rama se prepara para regresar a Ayodhya

Rama le había prometido a su padre que permanecería en el exilio durante catorce años. El tiempo casi había terminado y Rama se preparó para regresar a Ayodhya.

Se subió al carro Puspaka, que primero había sido de Kuvera y luego de Ravana. Antes de que se fueran, Vibhisana honró a los Vanaras con ricos regalos. Rama invitó a Sugriva, a Vibhisana, quien había expresado el deseo de acompañarlo y a otros Vanaras a subir al carro. Luego partieron hacia la tan deseada Ayodhya.

Mientras el carro volaba sobre los lugares que habían sido testigos del desarrollo de los diversos eventos, Rama le contó todo a Sita. Señaló el campo de batalla, el lugar donde Hanuman había aterrizado, el océano cruzado con un salto de Hanuman y así sucesivamente. Después de unas horas sobrevolaron la ermita de Bharadvaja y Rama quiso ir a saludar al gran sabio.

Feliz de verlos de nuevo después del éxito de su misión, el sabio bendijo a Rama y a todos los demás, quienes volvieron al carro y se fueron.

Cuando ya estaban cerca de Ayodhya, Rama le pidió a Hanuman que se adelantara para advertir a Bharata de su llegada. El glorioso Vanara entró en la ciudad y se encontró con Bharata.

"Oh, príncipe, te traigo buenas noticias. Tu hermano Rama, su esposa Sita y el virtuoso Laksmana están en camino. No están muy lejos de aquí; los verás mañana."

Bharata no podía creer esas maravillosas noticias. Invadido por una inmensa alegría, llenó a Hanuman de riquezas y le pidió noticias de Rama. Hanuman se sentó y contó toda la historia que Bharata desconocía por completo.

Ese mismo día la ciudad fue limpiada, perfumada y preparada para el regreso de Rama, y después de hacer los arreglos necesarios, Bharata decidió ir a encontrarse con Rama en el campamento. Cuando los dos hermanos volvieron a encontrarse, se regocijaron y se abrazaron con mucho cariño.

Al día siguiente, Rama, que deseaba regresar en el mismo carro en compañía de Bharata, le pidió al carro celestial Puspaka que regresara adonde Kuvera. Después de unas horas, en el momento exacto en que terminaron los catorce años de exilio, Rama regresó a su ciudad.

En el trono

Tan pronto como entraron al salón real, Bharata cruzó las manos en obediencia e invitó a Rama a sentarse en el trono real. Después de sentarse, le habló frente a todos.

"Me confiaste este reino por las razones que todos conocemos, pero es legítimamente tuyo. Ahora que has cumplido la promesa que le hiciste a nuestro padre de pasar catorce años de tu vida en el bosque, por favor, asume el liderazgo del reino."

Rama sonrió y aceptó. Una vez recuperado su reino, Rama fue coronado y desfiló por las calles de la ciudad.

Los ciudadanos de Ayodhya, que lo volvieron a ver después de tanto tiempo, lo vitorearon con entusiasmo. Todo el mundo parecía haber encontrado una nueva vida. Todos estaban felices con el regreso de Rama.

Después de unos días, Rama despidió a sus queridos amigos Sugriva, Vibhisana, Hanuman y todos los demás, quienes se fueron de mala gana.

El reinado de Rama

Rama gobernó el reino de Ayodhya durante once mil años. Las glorias de ese período se describen en el Ramayana de Valmiki. La gente no conoció enfermedad, sufrimiento o miseria; todos fueron felices durante toda su vida. Nadie se quejó nunca y la comida siempre fue abundante. Tampoco los animales sufrieron bajo el reinado de ese santo rey. Durante su reinado, nadie habló de nada más que de las glorias de Rama.

El Valmiki Ramayana les aconseja a aquellos que deseen encontrar prosperidad en la vida que escuchen y reciten los relatos de las obras del Señor con regularidad, especialmente cuando son narradas por personas sabias con un corazón completamente purificado.

Yuddha Kanda

Uttara Kanda

La historia de los Raksasas

Pasaron los años. Rama gobernaba con justicia y virtud y todos estaban felices con su gobierno. Los tiempos oscuros del exilio y el conflicto con los Raksasas parecían no haber sucedido nunca. Sita y Rama vivieron felices juntos.

Un día, algunos sabios famosos, incluido Agastya, fueron a ver a Rama para felicitarlo por la importante victoria obtenida contra Ravana. Tan pronto como se enteró de su llegada a la ciudad, Rama, personalmente, fue a su encuentro y los recibió con grandes honores. Después de haber realizado una puja, Rama se sentó a escucharlos.

"Tu victoria fue una gran fortuna para todos," dijo Agastya. "No solo mataste al monstruoso Ravana que era como una espina en el costado del mundo sino que gracias a ti, además, murieron otros seres malvados como los invencibles Kumbhakarna, Mahodara, Prahasta y muchos otros."

Agastya miró a los otros sabios y sonrió.

"Pero nada de esto fue tan sorprendente para nosotros como el hecho de que lograste matar a Indrajit, el hijo de Ravana. Él era el que más nos preocupaba. Por él, teníamos dudas sobre la victoria final."

Uttara Kanda

Rama tenía curiosidad por saber por qué los sabios le daban tanta importancia a Indrajit. Les preguntó por qué.

"En Lanka había Raksasas enormes y muy poderosos que poseían poderes sobrenaturales," dijo, "pero me pareció entender que, en tu opinión, Indrajit tenía una importancia y un poder especiales. ¿Puedes decirme porqué? Y los Raksasas, ¿puedes explicarme cómo llegó a existir este linaje de seres?"

"Sí," respondió Agastya Muni, "te contaré la historia de Ravana y del linaje Raksasa."

Entonces Agasta Muni comenzó a narrar.

En la edad de oro vivió un gran santo llamado Pulastya, que era el hijo de Brahma. Pulastya fue un sabio ejemplar y residió en una ermita encantadora en las laderas del monte Meru. Muchos otros ermitaños vivían en ese lugar pacífico y silencioso, incluido el rey Trinavindu, que habiendo renunciado al trono, se convirtió en asceta.

En ese santo lugar, donde la recitación de los versos sagrados de los Vedas era el sonido prevaleciente, las hijas de los ermitaños tocaban instrumentos musicales, cantaban y bailaban entre sí. Ellas hacían todo esto con inocencia, ciertamente no con el objetivo de molestar a nadie, pero de hecho, el sabio Pulastya llegó a sentirse perturbado por el ruido de esos frívolos juegos. A veces se le dificultaban las meditaciones y las austeridades. Un día, cuando el estruendo se hizo ensordecedor, el sabio perdió los estribos y dijo en voz alta para que las chicas pudieran escucharlo:

"La próxima de ustedes en la que se posen mis ojos, quedará embarazada."

Las niñas huyeron asustadas, prometiendo que no volverían nunca más.

Un poco más tarde, sin darse cuenta de lo ocurrido, la hija de Trinavindu pasó en busca de sus amigas. No las encontró, pero mientras las buscaba escuchó al sabio Pulastya recitar los versos de los Vedas. Esas vibraciones eran tan atractivas que la niña se acercó a la ermita y se puso a escuchar, encantada, hasta que el sabio la vio. Como resultado de la maldición, aparecieron claros signos de embarazo en su cuerpo. La niña no entendía lo que le estaba pasando y, asustada, corrió hacia su padre. Trinavindu vio que su hija estaba embarazada y, convencido de que no había tenido relaciones sexuales con ningún hombre, se preguntó qué podría haber pasado. En la meditación lo entendió todo. Tomando a su hija de la mano, se dirigió al venerable Rishi Pulastya y le dijo:

"Mi hija pronto tendrá un hijo tuyo. Acéptala como esposa. Ella te ayudará en tu vida."

Pulastya aceptó, feliz de haber conseguido una buena esposa.

"Dado que este hijo es el producto de la atracción de su madre por escuchar los sagrados Vedas," declaró el sabio, "su nombre será Visrava."

El niño nació, y a medida que crecía, se podían ver en él las mismas grandes cualidades de su padre. Cuando Visrava alcanzó la adolescencia, el sabio Bharadvaja le ofreció a su hija como esposa y Visrava la aceptó. Esa chica se llamaba Devavarnini.

Visrava tuvo un hijo al que le puso el nombre de Vaishravana; más tarde este convertiría en Kuvera, el Deva de las riquezas, el cuarto guardián del universo.

Después de realizar grandes austeridades y satisfacer a Brahma, Vaishravana fue bendecido. Se convirtió en el Deva de las riquezas y Brahma le dio, junto con Yama, Indra y Varuna, la responsabilidad de proteger una parte de la creación. Brahma también le concedió un carro celestial extraordinariamente hermoso llamado Puspaka. Habiendo obtenido lo que deseaba, Vaishravana fue a visitar a su padre.

"Brahma me ha otorgado lo que quería," le informó, "pero no me dio un lugar para vivir. Así que dime, ¿dónde crees que podría ir a vivir?"

"Hay una ciudad maravillosa," respondió Visrava después de reflexionar, "que fue construida por Visvakarma. Allí vivieron los Raksasas, pero hace mucho tiempo, por miedo a Vishnu, la abandonaron para huir a Rasatala. La ciudad se llama Lanka y es la morada adecuada para ti. Así que ve y toma posesión de élla."

Kuvera fue a Lanka, tomó posesión de ella y reinó con gran rectitud."

La otra raza de Raksasas

Rama quedó impresionado por un detalle en la narrativa de Agastya y le pidió una explicación.

"Dijiste que Vaishravana había tomado posesión de Lanka, una ciudad que había sido ocupada por los Raksasas, pero en ese tiempo Ravana aún no había nacido. ¿Hubo acaso otra raza de Raksasas antes de Ravana?"

Agastya se preparó para responder al comentario de Rama.

"Al comienzo de la creación, Brahma creó las aguas del océano y algunas entidades vivientes para protegerlas. Pero estos seres estaban afligidos por el hambre y la sed. Incapaces de seguir tolerarando la situación, fueron a hablar con Brahma. El gran arquitecto del universo les dijo:

"Su deber es proteger estas aguas."

Algunos de los que tenían hambre y sed dijeron:

"Las protegeremos."

Otros dijeron:

"Comeremos."

Brahma respondió:

"Aquellos de ustedes que han estado dispuestos a obedecer mis instrucciones y dijeron "las protegeremos", se convertirán en poderosos Raksasas, pero aquellos de ustedes que no han estado dispuestos y han dicho: "comeremos", se convertirán en Yakshas."

Desde entonces, estas dos diferentes razas de seres comenzaron a existir.

Los poderosos líderes de los Raksasas eran Heti y Praheti. Este último se retiró al bosque para dedicar su vida a las prácticas ascéticas, mientras Heti quería encontrar una buena esposa. Por iniciativa propia se casó con Bhaya, la hermana de Kala, y tuvieron un hijo llamado Vidyutkesha.

Uttara Kanda

Cuando llegó a la adolescencia, Vidyutkesha se casó con Salakantaka, la hija de Sandhya. Cuando Rakshasi dio a luz a su primer hijo, ella no lo quiso y lo dejó en un bosque en el Monte Mandara. El niño era brillante como el sol. Al sentirse abandonado, tuvo mucho miedo y lloró desconsoladamente. En ese momento, Shiva y Parvati pasaban por allí y escucharon el llanto del bebé. Entonces, Parvati quiso detenerse para ver qué estaba pasando.

Al ver al recién nacido, Parvati sintió una profunda compasión por ese niño abandonado y le pidió a su esposo que lo ayudara.

Entonces, Shiva de inmediato lo elevó a la edad de su madre y le otorgó la inmortalidad. También le concedió una ciudad encantada donde podía ir a cualquier parte sin restricciones. Al ver en sus corazones una predisposición particular hacia los placeres de la vida material, Parvati le dio a todas las Rakshasis el poder de dar a luz el día de la concepción y reconoció que sus hijos pronto crecerían hasta la edad de la madre. El niño nacido de Vidyutkesha y Salakantaka se llamó Sukesha.

Cuando el Gandharva Grahmani se enteró de que Sukesha había sido bendecido por Shiva, le ofreció a su hija Devavati en matrimonio. Tuvieron tres hijos: Malyavan, Sumali y Mali.

Estos fueron tres monstruos malvados que practicaron grandes austeridades y le causaron un gran sufrimiento a todos los que conocieron.

Después de mucho tiempo, Brahma les concedió las bendiciones que deseaban. Los tres Raksasas sabían que eran invencibles; solo podrían ser destruidos si peleaban entre ellos. Por lo tanto, la bendición que pidieron fue estar siempre llenos de amor fraternal el uno por el otro. Brahma los hizo aún más fuertes y los bendijo para que disfrutaran de una larga vida.

Sintiéndose victoriosos, comenzaron a viajar, matando y saqueando a su paso.

Un día, fueron a ver a Visvakarma, el arquitecto de los Devas, y le pidieron que les construyera una ciudad proporcional a su tamaño. Visvakarma respondió:

"A instancias de Indra construí una ciudad llamada Lanka. Creo que se adapta a su gloria. Vayan y tomen posesión de ella."

Y así lo hicieron.

Cerca de la ciudad de Lanka vivía una Gandharvi llamado Narmada, que tenía tres hijas. Se las ofreció voluntariamente a los tres Raksasas como esposas.

Malyavan se casó con Sundari y tuvieron los siguientes hijos: Vajramusti, Virupaksha, Dunmukha, Suptaghna, Yajnakopa, Matta y Unmatta. También tuvieron una hija llamada Anala.

Sumali se casó con Ketumati y tuvieron los siguientes hijos: Prahasta, Akampana, Vikata, Kalikamukha, Dhumraksha, Danda, Suparsva, Samhradi, Praghasa y Bhasakarna. También tuvieron las siguientes hijas: Raka, Puspotkata, Kaikasi y Kumbhinasi.

Mali se casó con Vasuda y tuvieron los siguientes hijos: Anala, Anila, Ilara y Sampati. Todos estos fueron ministros de Vibhisana.

Con la ayuda de sus muchos hijos y nietos, los tres poderosos Raksasas se embriagaron con su poder volviéndose cada vez más crueles.

Luego, le declararon la guerra a los Devas, a los Nagas y a los Yakshas y hostigaron a los sabios impidiéndoles hacer sacrificios. Derrotados en la batalla, los Devas le pidieron ayuda a Shiva pero él, recordando el afecto por su padre, no quiso matarlos.

"Vayan adonde Vishnu," les aconsejó a los Devas. "Seguramente él los ayudará."

Los Devas así lo hicieron. Obtuvieron el favor de Vishnu con la promesa de que los ayudaría.

"Estarán a salvo," les aseguró. "En el momento oportuno, intervendré."

Mientras tanto, los Raksasas se enteraron de que los Devas habían pedido ayuda a Vishnu y estaban muy disgustados. Para ello decidieron destruir todos los planetas celestes con sus habitantes. Seguidos por un gran ejército, dejaron Lanka y se dirigieron a los mundos superiores. Por el camino aparecieron malos presagios, pero eran demasiado arrogantes para preocuparse y confiaban en su fuerza.

Mientras tanto, Vishnu había llegado a conocer las intenciones de los Raksasas e intervino. Llevado por Garuda, el Señor los atacó y los masacró por miles. Muchos huyeron. Sumali también fue derrotado. Entonces el valiente Mali atacó a su enemigo, pero fue asesinado, decapitado por el Sudarshana-Chakra. Mali era el más joven de los tres, pero también era el más fuerte. Al ver a Mali muerto, los otros Raksasas se desanimaron y huyeron a Lanka, perseguidos por Vishnu.

Después de mucho tiempo, los asustados Raksasas decidieron abandonar la isla y refugiarse en Rasatala.

"Oh, Rama", destacó Agastya, "debes saber que esos Raksasas eran mucho más fuertes que Ravana."

El linaje Raksasa de la línea Pulastya

"Ya conoces el origen del linaje Raksasa," continuó diciendo Agastya después de una breve interrupción. "Ahora te contaré la historia de los Raksasas que vienen de la línea Pulastya y cómo se unieron las dos líneas. Escúchame con atención:

Pasaron años de tormento para Sumali, quien, aterrorizado por la sola idea de Vishnu, vivía en una ciudad en el planeta Rasatala. En ese momento Kuvera había tomado posesión de Lanka.

Un día, Sumali, llevándose a su hermosa hija con él, regresó a este planeta y comenzó a vagar sin rumbo fijo. Vio que Kuvera iba a visitar a Visrava, su padre. Sumali, que nunca antes había visto Kuvera, quedó tan encantado con su esplendor que incluso, cuando regresó a Rasatala no pudo olvidar esas opulencias. Sumali, quien quería asegurar un buen futuro para sus descendientes, estaba calculando cómo obtener la misma riqueza que tenía Kuvera. Entonces, ideó el siguiente plan:

Pensó en dar a su hija Kaikasi en matrimonio a Visrava, con la esperanza de que sus hijos tuvieran el mismo poder que Kuvera y revivieran la fortuna de su linaje. Educada sobre qué hacer, Kaikasi fue a la ermita de Visrava y entró en ella justo cuando el sabio estaba comprometido en algunos sacrificios. Ignorando que el momento no era en absoluto propicio, se presentó al sabio. Al ver a la casta chica, Visrava le preguntó qué quería, pero ella no respondió.

Entendiéndolo todo por sí mismo, le dijo:

"Te acepto como esposa, pero debes saber que llegaste en un momento desfavorable, por lo tanto, nuestros hijos les causarán mucho sufrimiento a todos."

Kaikasi tuvo miedo y respondió:

"Señor, no quiero hijos impíos."

Entonces, Visrava afirmó:

"Hay un plan divino preciso más allá del cual nadie puede ir. Nuestros primeros tres hijos serán según el carácter de tu familia, mientras que el cuarto será según la mía."

Nacimiento y vida de Ravana

"Con el tiempo nació el primer hijo, un terrible Raksasa con diez cabezas y veinte brazos. Por esta razón, Visrava nombró al primogénito Dasagriva, quien luego sería conocido como Ravana. El segundo hijo de Kaikasi fue Kumbhakarna, otro monstruo terrible. La tercera fue una hembra y se llamaba Surpanakha. El cuarto fue el virtuoso Vibhisana.

Unos años más tarde, mientras Kaikasi estaba haciendo algunas tareas en la ermita con sus cuatro hijos, Kuvera fue a visitar a su padre. A su llegada, todo pareció iluminarse con esplendor y opulencia, bajo la mirada atónita de los chicos.

"Mira, Dasagriva, las riquezas de tu hermanastro," dijo Kaikasi. "Sabes cómo los Raksasas viven en la pobreza y se esconden porque tienen miedo de que Vishnu los mate. ¿No crees que es tu deber buscar una opulencia similar? Y no solo para ti, sino también para el bienestar y la prosperidad de tu raza."

Dasagriva miró intensamente a Kuvera y sintió una envidia muy fuerte. El mismo día, llevando a Kumbhakarna y a Vibhisana con él, partió hacia Gokarna, decidido a ganar los favores de Brahma. Solo tenía un pensamiento fijo en su mente: volverse más poderoso que Kuvera.

Kumbhakarna realizó austeridades insoportables para cualquiera, que duraron diez mil años, al igual que Vibhisana. Ravana no comió durante todos esos años y al final de cada milenio ofrecía una de sus cabezas al fuego del sacrificio. Finalmente, como Brahma no apareció, decidió ofrecer su última cabeza. Entonces apareció el glorioso Brahma y lo detuvo.

"¿Qué quieres de mi?" Le preguntó Brahma.

"He realizado todas estas austeridades porque quiero la inmortalidad," respondió el Raksasa.

"No puedo darte la inmortalidad. No puedo darte algo que no tengo; yo tampoco soy inmortal. Pídeme alguna otra cosa."

"No quiero que nadie tenga el poder de matarme, ni los Suparna, ni los Nagas," respondió Ravana, "ni los Yakshas, ni los Daityas, ni los Danavas, ni los Raksasas, ni siquiera los Devas …"

Ravana no mencionó a la raza humana porque pensó que era demasiado fuerte para ser derrotado por un simple hombre. Esta arrogancia fue la causa de su desaparición.

"Eso te lo puedo conceder," declaró Brahma. "También recuperarás las cabezas que te has cortado durante estos años y te daré el poder de tomar cualquier forma a tu antojo."

Dasagriva se sintió satisfecho.

Entonces Brahma fue adonde Vibhisana y le preguntó:

"¿Qué quieres de mi?"

"Quiero que mi mente esté siempre absorta en pensamientos espirituales," respondió. "También deseo poseer el arma suprema, la brahmastra."

Brahma estaba tan complacido con Vibhisana que le dio la misma duración de vida que le había dado a Ravana.

Luego fue a Kumbhakarna para preguntarle qué quería, cuando los alarmados Devas lo detuvieron y le dijeron:

"Señor, Kumbhakarna es el monstruo más poderoso y malvado que jamás haya existido. Si le das otros poderes, será imposible controlarlo. Sería capaz de devorar a todos los seres de la creación."

Entonces Brahma llamó a su esposa Sarasvati y le suplicó que se manifestara en la boca de Kumbhakarna. Entonces Brahma le preguntó:

"¿Qué quieres de mi?"

Confundido por Sarasvati, el Raksasa respondió:

"Quiero dormir mucho tiempo."

Así se protegió el bienestar del universo.

Tan pronto como Sumali se enteró de que su sobrino había obtenido las bendiciones de Brahma, recuperó el valor y regresó a la tierra con todos los Raksasas. Juntos fueron adonde Ravana y lo felicitaron.

"Nos enteramos del éxito de tus austeridades," le dijeron. "Ahora usa el poder que has acumulado para recuperar a Lanka y ganar una gran riqueza. Sé nuestro guía y gobierna sobre todos nosotros."

Recuperar Lanka significaba librar una guerra contra Kuvera. Al principio Ravana pareció vacilante, considerando el vínculo de parentesco que los unía, luego su naturaleza malvada y grosera se hizo cargo. Primero fue a ver a su padre, Visrava, y le pidió permiso para recuperar Lanka para los Raksasas.

"¿Quieres devolverle Lanka a los Raksasas?" Visrava preguntó alarmado. "No, no lo hagas. Sería injusto e impío. Te prohíbo que hagas eso."

Pero Ravana persistió. Se negó a obedecer la orden de su padre. Eso lo maldijo.

"Ya que no quieres obedecer a tu padre, debes saber que en los momentos de mayor necesidad, perderás el sentido común."

Esta maldición resultó ser fatal para él, porque Ravana, habiendo perdido su concepción del bien y del mal, secuestró a Sita, cometiendo el error más grave de su vida.

Entonces, Prahasta fue enviado como mensajero adonde Kuvera, quien se ofreció a compartir la isla con su medio hermano. Pero la convivencia hubiera sido imposible: Visrava lo sabía bien y le aconsejó que abandonara la ciudad y se fuera a vivir a Kailasa. Obedeciendo las órdenes de su padre, Kuvera lo hizo.

Uttara Kanda

Ravana entró triunfalmente en Lanka y fue coronado rey de los Raksasas.

Después de un tiempo, Ravana arregló el matrimonio de su hermana Surpanakha con Vidyujjihva, el líder de los Danavas. Luego fue a cazar al bosque y allí conoció al hijo de Diti, Maya Danava, quien estaba con su hija. Lucía deprimido y triste; parecía infeliz.

"¿Por qué estás tan triste? ¿Que te pasa?" le preguntó Ravana.

"Mi esposa se llama Hema," dijo Maya Danava, "y es una hermosa Apsara. Tuve tres hijos con ella: esta niña llamada Mandodari, Mayavi y Dundubhi. Un día ella quiso regresar a los planetas superiores y me dejó. La amaba mucho y sin ella no soy feliz. Por esto estoy triste. También tengo otro problema: mi hija está en edad de casarse y no puedo encontrar un esposo adecuado. ¿Quieres tomarla como esposa?"

Mandodari era una chica hermosa y Ravana aceptó. A los pocos días se celebró el matrimonio. Ese día Maya Danava le dio una lanza especial e infalible, con la que podía matar a cualquiera en la batalla. Luego, Ravana casó a Kumbhakarna con Vajrajvala, la nieta de Bali, quien a su vez era el nieto de Prahlada. Finalmente Vibhisana se casó con Sarama, la hija de Gandharva Sailusha.

Y llegó el primer niño. Mandodari tuvo un niño al que llamó Meghanada. Este niño, en el futuro, sería apodado Indrajit. Al nacer, en lugar de llorar como cualquier otro bebé, rugió como un león, revelando su extraordinaria naturaleza guerrera.

Pasó mucho tiempo. Un día, como resultado de la bendición de Brahma, Kumbhakarna cayó en un sueño irresistible y le pidió a su hermano que construyera un palacio donde pudiera dormir sin ser molestado. Después de que se completó el palacio, Kumbhakarna entró y durmió durante muchos años.

Durante ese tiempo, Ravana viajó y luchó contra cualquiera que se acercara. Dondequiera que iba, la escena era la misma: muerte, saqueos, desolación y dolor. Habiéndose enterado de todas estas fechorías, Kuvera intervino y le envió un mensaje instándolo a que no siguiera comportándose de esa manera. Ravana estaba enojado por la insolencia de su hermano, mató al mensajero y marchó contra el propio Kuvera. La batalla fue terrible: al final Ravana ganó y tomó posesión del maravilloso carro Puspaka.

Con ese prestigioso trofeo de la victoria, siguió viajando y fue a visitar el lugar donde nació Kartikeya.

Un día los Raksasas llegaron a la colina Kailasa. Allí, inexplicablemente, el carro Puspaka se detuvo y no fue posible volver a ponerlo en marcha. Ravana salió e intentó averiguar el por qué. De repente, vio frente a él a Nandi, la asistente principal de Shiva, que había adoptado los rasgos de un mono. Entendió que Puspaka no quería irse por respeto al más grande de los Devas.

Nandi miró con severidad al Raksasa y le dijo:

"El señor Shiva vive en esta colina en compañía de su esposa Parvati. Nadie puede pasar por aquí. Elige otro camino. Tú tampoco puedes infringir esta ley."

Uttara Kanda

Mientras Nandi hablaba, Ravana se rió, encontrando divertida su cara de mono.

"Te has reído de mi cara de mono," continuó Nandi, "y te has burlado de mí. Debido a esta ofensa, debes saber que la destrucción de tu pueblo vendrá a manos de una raza de simios."

Independientemente de la maldición, Ravana, considerándose superior al mismo Shiva, de repente levantó la colina Kailasa. Todos temblaron de miedo y tuvieron que agarrarse para no caer. Incluso Parvati tuvo que aferrarse al cuello del Señor para evitar caer.

"Quien sea que haya causado este disturbio," dijo la diosa enojada, "lo maldigo para que sea destruido por una mujer."

Shiva no pareció molesto por el accidente; solemne y absorto en meditación, no se movió ni dijo nada. Pero colocó el dedo gordo del pie izquierdo en el suelo. Debido a ese dedo gordo del pie, la presión fue tan fuerte y repentina que Ravana ya no pudo soportar el peso y la colina cayó hacia atrás con estrépito, aprisionando sus brazos. A pesar de haber tratado con toda su fuerza, no pudo liberarse. Entonces Ravana gritó con gran furia y ese grito resonó por todo el universo, aterrorizando a las entidades vivientes.

Cuando vio que sus intentos eran en vano, se dio cuenta de quién era Shiva y trató de propiciarlo recitando muchas oraciones en su alabanza. Ravana permaneció en esa dolorosa posición durante miles de años. Pero finalmente Shiva lo perdonó y lo liberó.

"Tu grito asustó a todos los pueblos del universo," le dijo. "Es por eso que a partir de hoy te conocerán con el nombre de Ravana. También, te daré mi espada personal, Candrahasa."

Aún después de esa experiencia, el Raksasa no cambió su mentalidad cruel. Tan pronto como estuvo libre, reanudó su viaje y siguió cometiendo las mismas fechorías de siempre.

Un día, pasaba por uno de los picos del Himalaya cuando vio a una hermosa mujer que estaba realizando algunas austeridades. Se sintió tan atraído por ella que no se molestó en pensar que era una asceta y que, por lo tanto, debía ser respetada. En cambio, decidió hacerla suya.

"¿Quién eres y qué haces en un lugar tan inhóspito para una chica tan joven y hermosa como tú?" Le preguntó.

"Mi padre se llamaba Kushadvaja," respondió ella, "y es el hijo de Brihaspati. Nací como una encarnación de los Vedas y por eso mi nombre es Vedavati. Mi padre no quería casarme con nadie más que Vishnu y durante años trató de ganarse su favor. Un día, Sambu, el rey de los Daityas, me pidió que me casara con él y mi padre se negó. En venganza lo mató. Ahora soy huérfana. Hago estas austeridades con el mismo propósito, el de obtener a Narayana como esposo."

Ravana se bajó del carro. Un orgullo inconmensurable llenó su corazón: no se consideraba inferior a nadie.

"Oh, hermosa niña, debes saber que soy Ravana, el poderoso rey de los Raksasas. No hay ser superior a mí en todo el universo. Conviértete en mi esposa; soy superior a Vishnu."

Diciendo eso, la agarró por el cabello y la atrajo hacia él. Al verse violentada por ese ser vil, Vedavati se enfureció y convirtió su mano en una espada. De un golpe limpio cortó el cabello que Ravana sostenía en su mano y se separó de esa presencia tan contaminante.

"Me has tomado por el pelo," dijo ella con gran indignación, "y por eso me considero contaminada de por vida. En este estado no podré obtener los favores de Vishnu. Entonces, ¿para qué me sirve este cuerpo? Por tanto, lo abandonaré."

Vedavati encendió un fuego. Luego se volvió hacia el Raksasa.

"Renaceré con la misión de destruirte y no naceré del vientre de una mujer como cualquier otro niño."

Vedavati renació en una flor de loto. Sin sospechar quién era esa hermosa niña, el mismo Ravana la tomó y la llevó a Lanka. Pero sus astrólogos predijeron que esa pequeña niña sería la causa de su destrucción. Luego Ravana la hizo arrojar al océano. Empujada por las olas, la niña llegó a tierra.

En ese momento, el rey Janaka estaba preparando la arena de los sacrificios para su Asvamedha-yajña y mientras estaba arando la tierra, vio a la niña en uno de los surcos. Asombrado, la llevó consigo y la adoptó. Como fue encontraron en un surco, la llamaron Sita.

Ravana continuó perpetrando su maldad. Un día se topó con un claro en un bosque donde el poderoso rey Marutta estaba realizando un sacrificio en el que también participaban Yama, Indra, Varuna y Kuvera. Tan pronto como los cuatro Devas lo vieron acercarse, se escondieron en los cuerpos de algunos animales. El arrogante Raksasa entró en la arena y comenzó a cantar sus propias glorias. Marutta quería darle una lección, pero no pudo, ya que el sacrificio estaba en pleno apogeo. Cuando Ravana se fue, los Devas salieron de sus escondites. Indra, que se había escondido en el cuerpo de un pavo real, le dio a todos los pavos reales el privilegio de haberles pintado muchos ojos en la cola. Yama bendijo a los cuervos, Varuna a los cisnes y Kuvera a los camaleones.

Habiendo obtenido victorias sobre todos los reyes de la tierra, Ravana llegó a Ayodhya, y allí desafió al rey Anaranya, a quien derrotó e hirió de muerte. Antes de morir, el rey pronunció la siguiente maldición:

"Un rey llamado Dasaratha nacerá en mi dinastía. Su hijo Rama te matará".

Un día Narada Muni, al ver que el Raksasa estaba causando demasiadas víctimas entre los seres humanos, pensó en dirigirlo hacia una pelea con los Devas.

"Oh, gran Raksasa," sugirió el sabio, "¿por qué pierdes tu tiempo luchando contra estos hombres que no pueden ni remotamente competir contigo? Declárale la guerra a los Devas. Tu gusto por la lucha quedará muy satisfecho."

Ravana fue con todo su ejército contra Yamaraja, el hijo de Vivasvan, pero fue derrotado. En el momento en que Yama estaba a punto de matarlo, Brahma lo detuvo y se lo impidió, recordándole que Ravana no debería ser matado a manos de ningún Deva. Por respeto a Brahma, Yamaraja se retiró de la pelea.

Habiendo escapado del peligro, pero sin sentirse intimidado por la experiencia de la derrota, Ravana luchó contra los Nagas y los derrotó. Se hizo amigo de Nivatakavacha y se enfrentó a los Kalakeyas, matando accidentalmente al esposo de su hermana Surpanakha.

Entonces Ravana conoció a Surabhi y le ofreció respetuosas reverencias.

Luego marchó contra Varuna. Después de derrotar a sus hijos, Ravana se enteró de que el Deva de las aguas no estaba presente en su capital.

Durante sus redadas, el terrible Raksasa secuestró a muchas mujeres; todos lo maldijeron para perdiera la vida a causa de una mujer.

Pasaron años en esa campaña militar. Entonces Ravana regresó a Lanka. Allí lo esperaba su hermana Surpanakha, profundamente entristecida por la pérdida de su esposo. Su hermano la consoló y la puso al cuidado de Khara, quien residía en Dandaka con catorce mil poderosos Raksasas.

Contento de también haber solucionado ese problema, Ravana entró en el bosque de Nikumbhila con sus asociados más cercanos. Allí encontró a su hijo Meghanada que estaba haciendo un sacrificio en compañía de unos ascetas.

"Hijo mío," dijo, sorprendido de haberlo encontrado allí. "¿Por qué estás haciendo este sacrificio? ¿Para quién es esta ofrenda?"

Meghanada no respondió.

"Tu hijo ha hecho un voto de silencio," respondió el sabio Ushana, "no puede responderte. Este es un sacrificio importante y complicado que tiene como objetivo propiciar a Indra para obtener sus armas. Con ellas, tu hijo se volverá invencible."

Ravana se puso rojo de ira.

"¿Sacrificios a los Devas?" gritó. "¿De qué sirve hacer sacrificios a los más débiles? ¿Qué podemos lograr? ¡Somos más fuertes que los Devas! Mi hijo no necesita hacer estas cosas para volverse invencible. Ya somos más fuertes que todos los demás."

Diciendo esto, agarró a Meghanada y se lo llevó con él sin dejar que terminara el sacrificio. Solo por esta razón podría haber sido derrotado.

Ese mismo día, Ravana se enteró de que un Raksasa llamado Madhu había secuestrado a su prima Kumbhinasi. Decidido a vengar el honor de la familia, persiguió a Madhu. Cuando llegó adonde estaban, Ravana estaba a punto de matar a Madhu, pero el mismo Kumbhinasi intercedió por Madhu y Ravana lo perdonó. Unieron sus ejércitos y decidieron ir a desafiar a Indra. Esa noche, el enorme ejército acampó en Kailasa. Agitado, el rey de los Raksasas no pudo dormir y caminó por el bosque. Vio una hermosa Apsara, Rambha, y no pudo controlar su deseo sexual. La llamó.

"Oh, hermosa niña, ¿a dónde vas a estas horas de la noche? ¿Quién eres tú? Tu belleza ha despertado en mí el deseo sexual."

"Mi nombre es Rambha," respondió la joven, "y soy una Apsara. Estoy de camino a donde Nalakuvera, tu sobrino, el hijo de Kuvera. Como sabes, las Apsaras no tenemos marido y por lo tanto, no tendría ninguna dificultad en cumplir tus deseos; pero fui llamada por

Nalakuvera y en este momento se me considera su esposa. Así que ahora no puedo satisfacerte."

Ravana volvió a mirar a esa hermosa niña, que parecía la belleza personificada. Era de una dulzura indescriptible: no podía renunciar a ella. Insistentemente le pidió que se acostara con él, pero ella se negó, temerosa de la perspectiva de la maldición del sabio.

"No," argumentó Rambha. "El padre del que ahora considero mi esposo es tu hermano, así que tú eres como un padre para mí. No puedo acostarme con mi padre. Y tampoco sería bueno para ti."

Tanto los razonamientos como las oraciones de Rambha resultaron inútiles: Ravana no pudo controlar su lujuria y la tomó por la fuerza. Cuando hubo satisfecho sus sentidos, Ravana la soltó. Ella, asustada, corrió hacia Nalakuvera y le contó todo lo ocurrido. El sabio perdió los estribos y lanzó una maldición:

"Si Ravana toma de nuevo a una mujer renuente, sus cabezas se romperán en siete partes".

Habiéndose enterado de la maldición, desde ese día Ravana jamás intentó violar a ninguna otra mujer. A causa de esto, no se atrevió a tomar a Sita por la fuerza.

Después de mucho tiempo llegaron a Amaravati, la ciudad de Indra y la capital de los planetas celestes. Cuando los Devas vieron llegar el gran ejército, corrieron a pedir ayuda a Vishnu.

"No teman," respondió el Señor, "cuando llegue el momento destruiré a Ravana y a todo el linaje del malvado Raksasa."

La batalla se encendió. Sumali fue asesinado por el octavo Vasu, y el hijo de Indra fue derrotado por Meghanada. La lucha duró muchos días. Los Raksasas eran muy poderosos. Finalmente, después de una feroz batalla, Indra también fue derrotado y hecho prisionero por Meghanada. En ese momento, la maldición de Gautama Muni se hizo realidad. Al ver la situación crítica, Brahma intervino personalmente y Meghanada liberó a Indra. Entonces, Brahma pensó en recompensar al hijo de Ravana por su obediencia, y le dijo:

"Hoy has conquistado a Indra, y por ello serás conocido como Indrajit. Pídeme una bendición, ¿qué quieres de mí?"

"Quiero ser inmune a la muerte mientras esté en mi carro de guerra y mientras pueda completar mis oraciones diarias," pidió Indrajit después de haber reflexionado.

Brahma se lo concedió. Como recordarán, Laksmana golpeó a Indrajit cuando no estaba en el carro y en un día en que no pudo completar sus ritos.

Aquellos que habían derrotado a Ravana

Rama escuchó la historia con gran atención e interés. Entonces, se le ocurrió preguntar:

"He escuchado esta historia y me sorprende que casi nadie haya podido abrumar a Ravana. ¿Es posible que no hubiera reyes valientes en ese momento que pudieran derrotarlo? Si acaso hubo alguno, me gustaría conocer sus hechos."

Uttara Kanda

Agastya reanudó la historia:

El rey de Haihaya se llamaba Kartavirya Arjuna y era famoso por su fuerza física. Ravana había oído hablar de este rey y, ansioso como siempre por luchar, fue a Mahismati, su capital. Tan pronto como llegó, pidió encontrarse con el regente. Los funcionarios del palacio le informaron que estaba ausente pero que podría encontrarlo en el río Narmada. Ansioso por desafiarlo, Ravana se dirigió rápidamente al río Narmada y envió a buscarlo. Mientras tanto, levantó un campamento y recogió flores para comenzar un sacrificio propiciatorio a Shiva.

Más abajo, Kartavirya Arjuna se estaba bañando en compañía de sus mujeres. Por diversión, quiso mostrarles a algunas de ellas la fuerza de sus mil brazos, los cuales había obtenido gracias a una bendición de Shiva. Se sumergió en el agua y detuvo el curso del río, que se desbordó en varios lugares río arriba. El río también salió de sus orillas cerca del campamento de Ravana y barrió las flores de la ofrenda. Asombrado por lo sucedido, Ravana envió a sus asesores a averiguar las causas. Los dos hermanos Shuka y Sharana vieron al rey de Haihaya y entendieron lo que había sucedido. Ravana corrió a desafiarlo y fue derrotado. Tomado prisionero, fue llevado a Mahismati y Arjuna lo encerró en una prisión inaccesible. Pulastya se dio cuenta de lo sucedido y quiso interceder en nombre de su sobrino.

Sin desanimarse por ese evento, Ravana continuó perpetrando las más bajas atrocidades. Pero el destino le tenía reservada otra amarga experiencia.

Un día llegó a Kiskindha, la capital de los Vanaras, y supo de Vali y de su fuerza. Ansioso por pelear con él también, preguntó dónde estaba. Le dijeron que en ese momento Vali no estaba y Ravana preguntó dónde podía encontrarlo. Habiendo recibido la información, corrió al lugar. Vali estaba a orillas del océano, absorto en sus meditaciones diarias. Pero aunque estaba en esa posición, notó la llegada de Ravana, quien se acercaba amenazadoramente. Tan pronto como estuvo lo suficientemente cerca, Vali lo apretó firmemente bajo sus axilas y dio un salto prodigioso hacia el cielo. A pesar de su extraordinaria fuerza, Ravana no pudo siquiera moverse, aprisionado por ese agarre de hierro. En silencio, como si no tuviera nada que ver con él, Vali visitó los tres mares.

Historia de Hanuman

Habiendo terminado de escuchar el relato de los hechos de Ravana, Rama pensó en hacer otras preguntas, esta vez sobre Hanuman.

"Por lo que tengo entendido, Ravana era muy poderoso, pero Hanuman era superior a él. ¿Por qué Hanuman no se rebeló y trató de proteger a su querido amigo Sugriva cuando Vali lo echó?"

El sabio Agastya relató:

Una vez, había un Rishi llamado Keshari, cuya esposa se llamaba Anjana. En una ocasión, ella estaba en el bosque recogiendo frutas y flores cuando el Viento Deva la notó. Al verla tan hermosa y pura, Vayu se enamoró

Uttara Kanda

de ella y la penetró. Como resultado, engendró un hijo en su vientre; Hanuman.

Desde los primeros días de su vida tuvo claro que el bebé tenía unas características especiales. Todavía era un bebé cuando un día su madre lo puso en el suelo para poder hacer algunos quehaceres. Un rato después, el bebé comenzó a sentir hambre y lloraba desesperadamente. La madre, que se encontraba algo distante, no lo escuchó. Estaba amaneciendo y el bebé, al ver salir el sol, pensó que era una fruta dorada. Era tan hermoso y colorido que pensó que también debía estar muy sabroso. Decidió ir a buscarlo y comérselo, así que dio un gran salto y se dirigió hacia el sol.

Era un día de eclipse y Rahu se estaba preparando para tragarse la estrella brillante, cuando vio a Hanuman acercándose a gran velocidad. Asustado por esa inesperada presencia, Rahu corrió a pedirle ayuda a Indra y le contó lo que estaba sucediendo. El rey de los Devas pensó que era prudente ir a ver personalmente y, acompañado de Rahu, se dirigió al lugar. Mientras tanto, Hanuman se había acercado mucho al Sol y se preparaba para tragárselo. Vivasvan, quien domina la estrella brillante, lo vio, pero no lo quemó; sabía que Hanuman sería necesario para la encarnación de Vishnu, quien eliminaría a Ravana. Pero Rahu, sin esperar a Indra, al ver que Hanuman se había acercado demasiado, lo atacó impulsivamente. El recién nacido también confundió a Rahu con una fruta y corrió hacia él con la boca abierta. Rahu huyó aterrorizado gritando: '¡Ayuda, Indra!" En ese momento, el rey de los planetas celestiales le arrojó a Hanuman su arma favorita, un rayo. Golpeado con fuerza en la mandíbula, el niño cayó sobre una montaña. Vayu vio que su hijo había sido golpeado y corrió hacia el lugar, pero lo encontró muerto. Llorando de dolor, tomó el cuerpo en sus brazos y se alejó. Se retiró a una cueva y dejó de hacer circular el aire por todo el universo.

Hubo un período de gran dificultad y todos sufrieron corriendo el riesgo de morir. Los Devas fueron adonde Brahma para pedirle ayuda y Brahma, acompañado por todos los demás, fue a buscar a Vayu. Cuando lo encontraron, se enteraron de las razones de su dolor.

"Oh, rey, sabemos la razón por la que estás tan triste," le dijo Brahma. "Tu hijo fue injustamente asesinado. Lo devolveré a la vida. Su nombre será Hanuman, porque su mandíbula fue rota por el rayo de Indra. No te aflijas más y comienza a soplar de nuevo en todos los mundos."

El niño se despertó como si hubiera estado dormido. Fue bendecido por ser virtualmente inmune a todo peligro, incluso a las maldiciones de los sabios.

Hanuman se volvió extremadamente poderoso. Cuando creció, el conocimiento de sus poderes lo volvió arrogante y rencoroso, y adquirió el hábito de bromear y burlarse de los sabios del bosque, perturbándolos en sus sacrificios. Un día los venerables ascetas unieron sus energías para hacerle olvidar la grandeza de sus poderes; sólo podría recordarlos cuando los necesitara. En las garras de una profunda amnesia, Hanuman comenzó a comportarse como cualquier otro Vanara, sin percatarse de su poder. Por eso no defendió a Sugriva en su disputa contra Vali; creía que no podría enfrentarlo.

Sita embarazada

Después de unos días, los sabios quisieron irse. Rama, que disfrutaba escuchándolos hablar, lo lamentó mucho.

"Pronto estaré celebrando el sacrificio de Rajasuya," les informó. Espero que ustedes también participen."

Los sabios respondieron afirmativamente y se fueron.

Después de que los Rishis se fueron, Rama se despidió de todos los amigos que habían venido para escuchar esas fascinantes historias. Los Vanaras y los Raksasas regresaron a sus respectivos reinos. Antes de partir, Bharata describió las glorias del gobierno de Rama observando las leyes divinas.

Un día, Rama vio que el carro Puspaka regresaba hacia él.

"Después de derrotar a Ravana," dijo el carro de hadas, "me enviaste a mi maestro, Kuvera, pero él me dijo:

"Oh, Puspaka, Rama te ha conquistado al derrotar al rey de los Raksasas. Ahora eres de su propiedad. Sírvale fielmente."

"Me gustaría quedarme aquí contigo."

Rama lo aceptó con alegría.

Los días tristes parecían haber terminado. Todo era alegría y hasta la naturaleza parecía ser partícipe de esa felicidad. Un día, cuando Rama estaba en sus maravillosos jardines en compañía de Sita, la vio particularmente feliz y relajada. Tenía buenas noticias para su marido.

"Querida," se anticipó él, "veo signos claros en tu cuerpo. Estás esperando un hijo, ¿no?"

"Sí, es verdad, y por eso estoy inmensamente feliz. Tendremos hijos, ¿no es maravilloso?"

Rama sintió una enorme alegría en su corazón.

"¡Oh, Sita, no puedes imaginar lo feliz que esto me hace! En este afortunado día me gustaría hacerte un regalo. ¿Qué te gustaría?"

"Siento un poco de nostalgia por esas ermitas silenciosas y meditativas. Me encantaría volver a visitarlas," respondió Sita con una sonrisa.

"Lo que quieras. Puedes irte mañana. Laksmana y algunos brahmanas te acompañarán."

Críticas a Rama

Pero no todo el pesar había terminado. Los días oscuros parecían estar de regreso. Rama había escuchado varios rumores de críticas sobre él. Debido a eso, convocó a una reunión con sus ministros. Entre otras cosas, hablaron de la imagen que debe tener un rey frente al pueblo.

"Es de gran importancia," dijo Rama, "que el rey no tenga defectos ni en su carácter ni en su vida privada, tanto en el presente como en el pasado. ¿Qué dice la gente de mí? ¿Me aman y todavía me aprecian? ¿Todos son felices bajo mi reino o ven defectos en mí? Me gustaría saber por qué motivos me critican."

Bhadra, uno de los ministros de mayor confianza, había realizado una encuesta encubierta para conocer el estado de ánimo de la gente.

"Los ciudadanos te aman, te respetan y son felices bajo tu reinado. Pero alguien vio una imperfección en ti:

que a pesar de que tu esposa Sita estuvo en la casa de otra persona durante mucho tiempo y, por lo tanto, su castidad puede ser cuestionada, te la has llevado. Algunos dicen que este comportamiento tuyo podría justificar, o al menos, no desanimar la infidelidad de sus esposas. En otras palabras, creen que tu comportamiento, en este caso, no ha sido ejemplar. Esto es lo que ellos dicen."

Al oír estas palabras, Rama frunció el ceño. Todo el día estuvo triste y pensativo. Luego envió a buscar a sus hermanos y les dijo:

"¿Saben lo que dice la gente de mí? Hablan de una mancha en mi carácter ejemplar, de mi pasado, cuando recogí a mi esposa después de haber estado muchos meses en casa de Ravana. Soy el rey y debo ser un ejemplo para todos, por encima de toda sospecha y de cualquier crítica. Dicen que la quiero demasiado y que un rey demasiado apegado no puede dar beneficios duraderos a sus súbditos. No puedo permitir que estas críticas se apoderen de la gente. Por lo tanto, he decidido exiliar a Sita."

Rama continuó diciendo:

"Laksmana, llévala mañana a la ermita de Valmiki. Allí estará feliz y segura."

Habiendo dicho estas palabras, Rama corrió a sus apartamentos y lloró.

Sita en el exilio

Cuando volvió el día y el sol comenzó a inundar la tierra de Koshala con sus cálidos rayos, Laksmana, con el corazón indescriptiblemente dolorido, invitó a Sita a tomar asiento en el carro para ir a visitar la ermita de Valmiki Muni. Sita se subió al vagón y se fueron. Había algo extraño en el aire, Sita no se sentía feliz y veía malos presagios a su alrededor. Pero Laksmana le aseguró que todo estaba bien, que no había ningún problema y ella, aunque sin éxito, trató de calmarse.

Pronto llegaron al Ganges y lo cruzaron. Al cruzar el río, Laksmana le dio a Sita la terrible noticia. Después de que Laksmana le explicó toda la situación, Sita se desesperó y lloró amargamente.

Llegaron con ese ánimo a la ermita y Laksmana se la confió a Valmiki. Luego se fue. Una tristeza infinita invadió su corazón. Sabía que su hermano sufriría tanto como Sita. El sabio accedió a ofrecerle protección e hizo que las mujeres ermitañas la acompañaran en el ashrama.

Cuando estaba al otro lado del río, Laksmana se detuvo para mirar la ermita y vio a Sita entrar en el ashrama de las mujeres. La fiel Sumantra estaba con él.

"Sumantra," le dijo Laksmana, "mira: Sita ha entrado en el ashrama. ¿No es extraño este destino suyo? Es la mujer más casta y santa que existe, sin embargo, su marido la ha desterrado. El destino ha sido cruel con ella. ¿Qué habrá hecho para merecer tanto dolor?"

"No te aflijas," respondió Sumantra, "porque hay una explicación y una razón para todo lo que pasa. En realidad, estaba previsto; sabía que sucedería."

Sorprendido, Laksmana la miró y la interrogó con la mirada.

"Ahora te voy a contar una historia que solo su padre y yo conocíamos," continuó Sumantra.

"Un día acompañé al rey Dasaratha a encontrar al sabio Vasistha. Era el período de caturmasya y quería pasarlo con Vasistha. También estaba el gran Durvasa, con quien pasamos los cuatro meses. Dasaratha le preguntó:

"¿Qué futuro tendrán mis hijos? ¿Serán felices o tendrán que sufrir?"

Durvasa respondió:

"Tengo una historia que contarte. Escúchalo con atención. En un momento hubo una gran batalla entre los Devas y los Asuras, y estos últimos fueron derrotados. Sin saber a dónde más acudir, le pidieron protección a la esposa de Brighu, quien los obligó a esconderse. Pero Vishnu vio el acto de la mujer y le arrojó el disco Sudarshana, decapitandola.

Cuando Brighu se enteró del hecho y cómo había sucedido, no pudo controlar su ira y maldijo a Vishnu en estos términos:

"Un día tú también experimentarás el dolor de la separación de tu amado".

"Querido Dasaratha," afirmó Durvasa, "Rama es Vishnu encarnado y en esta encarnación sufrirá el poder de la maldición de Brighu. Cuando Rama haya terminado su misión en la Tierra, se reunirá con Sita, quien es Lakshmi encarnada, su eterna compañera."

"Fiel Laksmana," concluyó Sumantra, "estas fueron las cosas que Durvasa le dijo a tu padre. No te aflijas. Todo esto es un plan divino definido. Regresemos a Ayodhya ahora."

Laksmana sintió que su dolor se aliviaba con el relato de Sumantra. Juntos regresaron a Ayodhya.

La historia de Nimi y Vasistha

Rama pasó mucho tiempo en compañía de Laksmana, el único que podía aliviarlo del dolor de la separación de Sita.

Un día, Rama contó la vieja historia del rey Nriga y los brahmanas que lo maldijeron para que viviera en el cuerpo de un lagarto durante muchos milenios.

Cuando terminó la historia, Laksmana pidió escuchar algunas historias más. Rama narró la del rey Nimi.

Nimi vivió hace muchos años y fue el duodécimo hijo de Ikshvaku. Un día decidió celebrar un gran sacrificio y consideró quién podría ser un brahmana calificado para dirigirlo. Pensó en el famoso sabio Vasistha y fue a pedir su aprobación.

"Oh, rey, deberías esperar unos meses," respondió Vasistha. "Ahora presido el sacrificio de Indra y no puedo acudir a ti. Pero estaría muy feliz de dirigir tu sacrificio. Espera un poco."

Nimi asintió al principio, luego lo pensó mejor. No le gustó la idea de esperar. Así que fue al sabio Gautama y le dijo que dirigiera su sacrificio. Gautama aceptó con gusto y comenzaron los preparativos. Entonces, comenzó el sacrificio en sí.

Vasistha se enteró de que Nimi no lo había esperado y se enojó, pensando que el rey le había faltado al respeto. Furioso, corrió al lugar donde se estaba realizando el sacrificio y en cuanto vio al rey le gritó:

"¡Morirás pronto!"

Al saberse maldecido, Nimi maldijo a Vasistha de la misma manera. El sabio quedó asombrado porque no esperaba esa reacción del rey. Considerando que ninguno de ellos había podido controlar la ira, Vasistha se consideró culpable y fue adonde Brahma.

"Venerable Señor," dijo Vasistha, "Nimi me maldijo para que muriera. Además de ser un gran rey, también ha adquirido poderes ascéticos y, por lo tanto, su maldición seguramente surtirá efecto. Pero quisiera preguntarte: después de mi muerte, ¿cómo puedo asumir otro cuerpo apto para la continuación de mis ascensos?"

"Querido Vasistha," respondió Brahma, "puedes entrar en la energía seminal de Mitra y Varuna."

En este punto, hay que recordar que en ese momento Mitra y Varuna eran amigos muy cercanos y vivían juntos. Un día, la hermosa Urvashi fue a visitarlos. Golpeado por tanto esplendor, Varuna le pidió su amor.

"Me gustaría visitarte," respondió la joven, teniendo un sentimiento de amor por Varuna, "pero Mitra pidió mi compañía antes que tú y no puedo negarme después de haber aceptado."

"Cuando te vi," respondió el decepcionado Varuna, "sentí un impulso sexual tan fuerte que perdí el semen. Lo colocaré en una ampolla divina y te esperaré."

"Oh, Varuna", le dijo Urvashi, "ahora mi cuerpo pertenece a Mitra, pero mi corazón es tuyo."

Urvashi se fue con Mitra, pero él prontamente se enteró del sentimiento que existía entre ella y Varuna. Mitra se sintió ofendido y la maldijo para que cayera a la Tierra y se quedara allí por algún tiempo.

En la Tierra, Urvashi se casó con Pururava, el hijo de Budha. De Pururava nacieron Ayu y de Ayu Nahusha, quienes reemplazaron a Indra en los planetas celestiales cuando estaba cansado después de la batalla contra Vritra.

Sucedió que cuando Mitra vio a Urvashi por primera vez, él también perdió el semen y lo puso en la misma ampolla celestial usada por Varuna. De la mezcla nacieron dos grandes sabios. El primero fue Agastya, el segundo Vasistha, quien así recuperó un cuerpo.

Ya te he contado lo que le pasó a Vasistha después de que fue maldecido. Ahora te diré lo que le pasó a Nimi.

Poco tiempo después, Nimi murió, pero los sabios no detuvieron el sacrificio que estaban realizando. Cuando terminó, Brighu convocó al rey de los mundos a los que había ido y le dio la capacidad de hablar. Todos estaban satisfechos con cómo se había organizado el sacrificio y querían ayudarlo.

"Dínos qué te gustaría ser y dónde te gustaría vivir. Te concederemos tu deseo."

"Quiero vivir en forma de aire a los ojos de todos los seres vivos," contestó Nimi.

En aquellos días, los ojos de los hombres no parpadeaban constantemente como lo hacen hoy. Habiendo sido escuchado por los sabios, Nimi se volvió al aire y sus párpados comenzaron a parpadear continuamente.

Habiendo logrado esto, Nimi desapareció. Los sabios consideraron que el reino se había quedado sin rey porque Nimi no tuvo hijos. Entonces pensaron en crear uno. Frotando el cadáver del rey dieron a luz a un niño que se llamó Mithi, pero también tenía otros nombres, como Janaka y Vaideha, que significa nacido de un cadáver. Este fue el padre de Sita."

La llegada de Cyavana

Después de la historia de Nimi y Vasistha, Rama también contó la historia de Yayati. De esta forma el tiempo pasó gratamente.

Un día, el sabio Cyavana llegó a Ayodhya y fue recibido con todos los honores.

"Nos sentimos muy honrados con tu presencia," dijo Rama. "¿Alguna razón específica te ha impulsado a visitarnos? ¿Hay algo que podamos hacer por ti? Estamos listos para satisfacer cualquiera de sus solicitudes."

"Hay una razón para mi visita," respondió Cyavana. "Un gran problema me persigue a mí y a otros ermitaños y tú puedes ayudarnos."

Rama asintió con la cabeza, sonriendo, feliz de poder hacer algo por los hombres virtuosos.

"Te contaré una historia," le dijo Cyavana.

"En Satya-yuga vivía un virtuoso Daitya llamado Madhu. Gran devoto de Shiva, lo satisfizo tanto con su devoción que Shiva le dio una lanza terrible, imparable en la batalla. Nadie ha podido sobrevivir cuando esta le ha sido lanzada. Madhu le preguntó a Shiva si sus descendientes también podrían beneficiarse de esa arma, pero Shiva dijo que eso no era posible. Sin embargo, le concedió el uso a su hijo. Madhu fue el padre del malvado Lavana, quien creció de manera muy diferente a su padre. Ese cruel Rakshasa ahora está aterrorizando al mundo entero, especialmente a los ermitaños del bosque."

"Rama," concluyó Cyavana, "libéranos de esta preocupación. Mata a Lavana."

"Gran sabio," respondió Rama, "es el deber preciso de todo rey proteger a los sabios y a los indefensos. No te preocupes. Considera al malvado Raksasa muerto. Pero, ¿dónde puedo encontrarlo?"

"Suele vivir en Madhuvana. Seguramente lo encontrarás allí."

Rama se volvió hacia Satrughna y le dio esa misión.

"Ve a destruir al Raksasa, pero no luches contra él mientras sostiene la lanza. Después de matarlo, funda una ciudad y gobiernala."

Satrughna partió hacia Madhuvana con un gran ejército.

El nacimiento de los hijos de Sita

De camino, se detuvieron en la ermita de Valmiki para descansar. El sabio entretuvo a Satrughna con la recitación de maravillosas historias de los Puranas.

Esa misma noche, Sita dio a luz a dos gemelos que se llamaron Kusha y Lava. Satrughna estaba muy feliz.

Satrughna mata a Lavana y funda Mathura

A la mañana siguiente, Satrughna se fue y en pocos días llegó a Madhuvana. Sorprendido en un momento en el que no tenía la lanza de Shiva con él, el Raksasa fue derrotado y asesinado por Satrughna. Allí, el hermano menor de Rama fundó una ciudad maravillosa que más tarde se llamó Mathura.

Satrughna escucha el Ramayana

Pasaron doce años. Estando la ciudad sólidamente establecida, Satrughna deseó regresar a Ayodhya para visitar a sus hermanos.

Durante el viaje, se detuvo nuevamente en la ermita de Valmiki y allí fue recibido con cariño. Después de almorzar, Valmiki le dijo:

"He compuesto un poema que se llama Ramayana. Es la historia de tu hermano Rama y su vida. ¿Quieres escucharlo?"

Satrughna asintió felizmente. Acompañados de instrumentos musicales, los discípulos de Valmiki cantaron el Ramayana. La poesía y la música eran tan hermosas, tan dulces, que Satrughna deseaba que la historia nunca terminara. No había manipulaciones ni tergiversaciones: todo se narró exactamente como había sucedido en la realidad.

Por la noche Satrughna no podía dormir; esos sonidos se quedaron en su mente y no pudo olvidarlos. Se fue al amanecer y después de unos días llegó a Ayodhya.

Satrughna le contó a Rama lo que había hecho durante esos años, dándole la noticia del nacimiento de sus hijos. Luego pidió permiso para no regresar a Mathura, sino para quedarse con él en Ayodhya. Rama le recordó los deberes de la casta guerrera y le permitió quedarse solo durante un tiempo.

De mala gana, después de siete días, Satrughna se fue.

Agastya le cuenta una historia a Rama

En el reinado de Rama se desconocía el sufrimiento porque el rey tenía cuidado de proteger a los ciudadanos de las influencias de la degradación materialista. Precisamente por eso, ese día castigó a un shudra llamado Samvuka que se dedicaba a actividades que no eran adecuadas para su clase. En el momento en que Rama le dio ese castigo, los Devas aparecieron y le pidieron que los acompañara donde Agastya, quien estaba completando un sacrificio que duró doce años.

Rama y los Devas fueron a la ermita de Agastya, quienes los recibieron con todos los honores. Agastya sabía muy bien lo gloriosamente que Rama gobernaba su país y quería regalarle algunos adornos para mostrarle aprecio.

"Te agradezco estos hermosos ornamentos que quieres regalarme,"dijo Rama, "pero sabes que solo los brahmanas pueden aceptar regalos y que los kshatriyas deben rechazarlos. ¿Cómo podría yo aceptar lo que me ofreces?"

"Te explicaré por qué deberías aceptarlos," le dijo Agastya. Escucha esta historia"

"En Satya-yuga no había reyes porque no había necesidad. Entonces, surgió la necesidad y el problema fue expuesto a Brahma. Mientras escuchaba, Brahma estornudó y una persona salió de su nariz. Este ser se llamó Kshupa. Fue designado como el primer rey de la tierra y recibió el espíritu de Indra para el gobierno de la tierra, el espíritu de Varuna para el mantenimiento del cuerpo, el espíritu de Kuvera para la acumulación de riquezas y el espíritu de Yama para la administración del castigo. En el espíritu de Indra, debes aceptar estos regalos."

Rama se los llevó con él y los observó con atención.

"Estos adornos tienen algo especial. ¿Quién te los dio o dónde los encontraste?" preguntó Rama con curiosidad.

"Hace algún tiempo," dijo Agastya, "entré en un bosque donde nunca había estado y quise visitarlo. Allí practiqué muchas austeridades. Una noche entré en una ermita abandonada y pasé la noche allí. Cuando salió el sol, me desperté y me di cuenta de que a mi lado estaba el cuerpo de un hombre muerto, acostado. Me sorprendió porque no estaba allí la noche anterior. Lo miré y vi que tenía rasgos corporales muy atractivos. Mientras trataba de averiguar qué pudo haber pasado y quién había puesto ese cadáver allí, vi un ser celestial que venía del cielo y estaba acompañado por otros personajes hermosos que cantaban y bailaban. Y mientras miraba a ese ser glorioso, lo vi tomar el cuerpo que había encontrado a mi lado esa mañana para comérselo. Estaba impresionado. Todo a su alrededor era de obvia belleza y gloria.

"¿Por qué comes tan abominable comida?" Le pregunté. "Me pareces una gran personalidad; ¿Qué te hace comportarte así?"

"Gran sabio," respondió con una voz suave pero triste. "Mi nombre es Sveta y como recompensa por mi ascetismo pude ir a Brahma-Loka. Pero cuando llegué sentí que tenía hambre y me asombré, ya que sabía muy bien que el hambre no existía en ese planeta. Así que fui a pedirle explicaciones al propio Brahma.

"Haz hecho austeridades," respondió Brahma, "pero no caridad. Esa es la razón por la cual sentiste el hambre. Tendrás que comer carne humana para compensar esta falta. Un día conocerás a Agastya y tendrás que darle algo en caridad. Esto te permitirá acceder permanentemente a mi planeta."

"Acepta estos ornamentos celestiales de mis manos," concluyó Sveta, "y así permíteme entrar en el mundo de Brahma."

"Acepté esos adornos, que son los mismos que te di," explicó Agastya.

La historia de Dandakaranya

Agastya contó otra historia:

Hace mucho tiempo, durante Satya-yuga, vivía un rey llamado Manu, que tenía un hijo llamado Ikshvaku. Cuando Manu se retiró al bosque, Ikshvaku, con sus cien hijos, gobernó el reino. Sus hijos eran todos buenos y virtuosos, excepto el más joven, que se llamaba Danda, quien era una persona de carácter impío y cruel. El joven fundó un reino y su capital fue la bella Madhumantra. El gran Shukra fue su maestro y su guía espiritual.

Un día Danda fue a ver al guru en su ermita y allí encontró a su hermosa hija sola. Danda quedó impresionado por tanta belleza y, a pesar de su resistencia, la tomó por la fuerza. Luego volvió a la ciudad.

Al enterarse del vil acto, Shukra pronunció una terrible maldición:

"Un día Indra devastará el reino de Danda y ninguno de sus habitantes se salvará".

La maldición se hizo realidad y ese reino una vez próspero se convirtió en un bosque terrible lleno de

Raksasas. Entonces se llamó Dandakaranya, el bosque de Dandaka."

La llegada de los hijos de Valmiki y Sita a Ayodhya

La noche transcurrió agradablemente en ese idílico bosque. A la mañana siguiente, Rama regresó a Ayodhya.

Algún tiempo después, el rey pensó en celebrar el sacrificio de Rajasuya, pero los brahmanas de la corte recomendaron a Asvamedha. Después de escuchar diferentes historias sobre las glorias de ese sacrificio, Rama decidió seguir sus consejos. Los preparativos se iniciaron rápidamente.

Fue durante ese sacrificio que Valmiki Muni llegó con todos sus discípulos. Durante la ceremonia, llamó a sus queridos estudiantes Kusha y Lava.

"Si Rama los llama," les dijo en voz baja, "recítenle todo el Ramayana, comenzando con Bala Kanda. Pero al principio no le digan que son sus hijos: simplemente díganle que son mis discípulos."

Kusha y Lava recitan el Ramayana a su padre

En este punto nos encontramos al comienzo de nuestra narración, cuando Rama pidió a los dos jóvenes ermitaños que le contaran su historia.

Rama escuchó durante días y días esa maravillosa historia, hasta que se enteró de que los dos cantantes eran sus hijos nacidos de Sita en el exilio. Con lágrimas en los ojos, Rama los abrazó con amor y luego se volvió hacia Valmiki.

"Oh, gran y misericordioso sabio," oró, "si Sita ha permanecido verdaderamente casta y pura como dice tu poema, tráela aquí y haz que dé otra prueba pública de su castidad."

Valmiki estuvo de acuerdo y envió a buscar a Sita.

Llegó la noche.

"Mañana volveré a ver a Sita", pensó Rama.

No podía pensar en otra cosa. No durmió ni un guiño en toda la noche.

La partida de Sita

Finalmente salió el sol y Rama entró puntualmente a la arena del sacrificio, ansioso por ver a Sita nuevamente. La más casta de las mujeres entró y lanzó una mirada amorosa en dirección a su marido. Valmiki se puso de pie.

"Oh, Rama," proclamó, "que mis austeridades sean destruidas en este mismo momento si Sita alguna vez ha pensado en otro hombre en toda su vida. Puedo dar testimonio de su pureza con absoluta certeza."

"Acepto lo que me dices como una verdad incuestionable," respondió Rama en voz alta para ser escuchado por todos, "solo porque tú lo dices. Pero las personas con poca fe aún pueden dudar. Déjala que lo pruebe ella misma."

Sita pensó en toda su vida y cálidas lágrimas de dolor rodaron por sus mejillas. Quería vivir con su Rama, pero el plan de su encarnación en esta tierra disponía lo contrario. Ahora tenía que dar una prueba definitiva de su pureza.

"Si es cierto que nunca he pensado ni por un momento en nadie más que en ti," dijo Sita con voz alta y emocionalmente rota, "si es cierto que soy pura y no estoy contaminada por ningún deseo de placer material, si es cierto que he sido casta toda mi existencia, que la Diosa de la Tierra, de quien vengo, venga en este momento y me lleve de regreso con ella."

En ese momento el cielo se despejó y los Devas aparecieron para presenciar el juicio de Sita. Inmediatamente después se levantó una leve brisa perfumada y la tierra tembló levemente. De repente, cerca de Sita se abrió una gran grieta y, sentada en un espléndido trono dorado, apareció la diosa Bhumi. Tomando su mano, invitó a Sita a sentarse en el mismo trono y, sonriéndole a todos, se hundió en la grieta, que se cerró inmediatamente después. Una lluvia de flores celestiales descendió desde los planetas celestiales y voces diáfanas cantaron oraciones a Sita por sus ilimitadas cualidades espirituales.

Al verla desaparecer bajo la tierra, Rama comprendió que Sita se había ido para siempre y se apoyó en el trono para no caer al suelo inconsciente. La emoción fue muy fuerte: Rama comenzó a llorar amargamente, de desesperación. Llamó a Sita y, con una furia incontrolable, tomó el arco y amenazó a la Diosa de la Tierra con destruirla a ella y a todo su planeta si no le devolvía inmediatamente a Sita. Pero una voz solemne lo detuvo.

"Rama, no olvides que eres el mismo Vishnu: pronto encontrarás a tu pareja y se reunirán. Tu amor es espiritual y eterno y nunca se interrumpirá. Ten paciencia, por tanto, no destruyas la Tierra."

Rama se calmó y pasó la noche en compañía de sus hijos y Valmiki. En unos días se completó el sacrificio de Asvamedha.

El regreso de Laksmana y Rama a Vaikuntha

El gran rey Rama gobernó durante mucho tiempo.

Su madre Kausalya fue la primera en morir. Luego Sumitra y Kaikeyi. Los tres se reunieron en Dasaratha en los planetas celestiales.

Algún tiempo después, los Devas enviaron un mensaje a Rama. Un día, un asceta alto y solemne vino a Ayodhya y pidió que le permitieran hablar con él. Advertido de la llegada, el respetuoso rey acudió de inmediato.

"Dime, santo hombre, ¿qué quieres de mí? ¿Qué tienes que decirme?" le preguntó.

"Tengo un mensaje importante que darte, pero no puedo dártelo en público. Nuestra reunión debe ser privada. Es muy importante."

"Por supuesto. Ven conmigo. Vayamos a un lugar donde nadie nos interrumpa." Rama respondió.

Pero el sabio no pareció satisfecho.

"No quiero que nadie me moleste durante nuestra reunión. Prométeme que si alguien entra y nos interrumpe por cualquier motivo será condenado a muerte."

Rama aceptó la condición y, acompañado por Laksmana, se dirigieron a una habitación privada.

"Párate frente a la puerta," le pidió Rama a Laksmana, "y no dejes entrar a nadie por ningún motivo."

Entraron en la habitación. El mensajero dijo que él era Kala, la personificación del tiempo eterno.

"Oh, Rama," dijo Kala, "eres Vishnu encarnado. Has estado en este planeta durante mucho tiempo y los Devas están ansiosos por tenerte de regreso entre ellos. Todos te ruegan que regreses a tu mundo. Las tareas que te propusiste se han cumplido: Ravana fue asesinado y muchos otros demonios también. Has enseñado a los hombres cómo comportarse como rey y como hombre ideal, y has dado mucha alegría a tus fieles súbditos. Sita, la encarnación de Lakshmi, te espera a ti y a muchos otros. Vuelve lo antes posible."

Mientras Rama hablaba con Kala, Durvasa Muni llegó a Ayodhya y pidió hablar con Rama de inmediato. Laksmana intervino y le rogó al sabio que esperara unos minutos porque Rama estaba involucrado en una conversación importante y había dicho que nadie debería interrumpilo. Pero Durvasa no quiso esperar.

"¡Laksmana y todos ustedes!" tronó Durvasa, "¡escúchenme! Quiero hablar con Rama de inmediato, no tengo la intención de esperar. Esa sería una señal de falta de respeto. Si no puedo hablar con él en este momento, maldeciré a toda su dinastía. Los destruiré definitivamente."

Laksmana intentó por todos los medios apaciguar al sabio, pero no pudo. Tenía que entrar en la habitación y advertirle a Rama sobre la llegada de Durvasa, incluso si eso pudiera causarle la muerte: "quien nos moleste, tendrá que ser ejecutado", había declarado Kala. Pero Laksmana no podía permitir la destrucción de toda su dinastía. Decidió entrar a la habitación. Los ojos de Rama se agrandaron.

"¡Laksmana!" gritó. "¿Qué has hecho? ¿Por qué has entrado?"

Laksmana anunció la llegada del sabio. Rama, que había terminado en ese momento, salió corriendo para recibir a Durvasa. Luego corrió hacia su hermano menor, sorprendido.

"Señor," le dijo Laksmana para animarlo, "no sientas pena por mí. Todo esto es un plan divino preciso, ineludible. Ya sabes, pronto nos encontraremos en nuestro hogar eterno."

Laksmana fue a las orillas del Sarayu y se sentó en la postura de yoga. Luego contuvo el aliento. Todos vieron a Indra descender para acompañar al gran y virtuoso Laksmana a los planetas celestiales.

El dolor de perder a Laksmana fue insoportable. Rama llamó a todos los miembros de su familia, ministros y sabios de la corte para comunicarles importantes decisiones.

"He decidido dejar el trono en manos de Bharata y retirarme al bosque," fue la tremenda declaración. "El tiempo que tenía que pasar en esta tierra ha terminado y siento un gran deseo de volver a mi hogar original."

Uttara Kanda

Pero Bharata no parecía contento con la idea.

"No quiero ni el reino, ni las glorias, ni las alegrías de este mundo," dijo Bharata. "Prefiero seguirte y prepararme para dejar este mundo ilusorio."

Rama luego nombró regentes a sus hijos Kusha y Lava. Y cuando Satrughna se enteró de la desaparición de Laksmana y de la decisión de los otros hermanos de abandonar su manifestación terrenal, nombró a su hijo Suvahu como regente y decidió seguirlos.

Pronto la noticia se extendió a Kiskindha y Sugriva también decidió seguir a Rama, dejando el reino en manos de Angada.

En Ayodhya, continuaron llegando inundaciones de personas que querían presenciar la desaparición del gran rey. Rama ordenó a un afligido Hanuman que siguiera viviendo mientras existiera el Ramayana, y a Jambavan y a Mainda que vivieran hasta la era de Kali. Le pidió a Vibhisana que siguiera viviendo hasta que el universo fuera destruido.

A la mañana siguiente, Rama salió de su palacio y, seguido por una multitud de personas, se dirigió al Sarayu. En ese momento, todos oyeron la voz de Brahma, procedente de los planetas celestiales, diciendo:

"¡Oh, Señor Supremo! ¡Oh, eterno Vishnu! ¡Regresa a nosotros!"

Entonces Rama, seguido por Bharata, Satrughna y Sugriva, abandonó este planeta dejando un gran vacío en los corazones de sus devotos.

Con el tiempo, Ayodhya se convirtió en una ciudad despoblada y desierta y permaneció en esta condición durante mucho tiempo hasta que llegó el rey Rishabha y la hizo florecer nuevamente.

Valmiki bendice a los lectores del Ramayana
Valmiki concluyó su historia diciendo:

"Cualquiera que lea un solo verso de este poema tendrá suerte y su vida será feliz."

Uttara Kanda

Glosario

A.

aditya-hridaya: oración al sol Deva, Vivasvan, mediante la cual Rama pudo matar a Ravana.

Agastya: uno de los sabios más famosos de la tradición védica. En el Ramayana y el Maha-bharata hay numerosas historias sobre él.

Agni: el Deva del fuego.

Ahalya: la esposa del sabio Gautama. Su historia se cuenta en Bala Kanda.

Angada: el hijo de Vali.

Anjana: la madre de Hanuman.

Apsara: linaje de hermosas doncellas celestiales.

Aranya Kanda: el tercer capítulo del Ramayana.

ashoka - un tipo de árbol. Sita estuvo cautiva en un jardín de árboles de ashoka en Lanka.

ashrama: lugar donde se cultiva la vida espiritual.

Aruna: hermano de Garuda y padre de Jatayu. Auriga de Vivasvan en forma de águila.

Asura: término utilizado para indicar a las personas que rechazan la vida espiritual.

Asvamedha-yajña: un sacrificio védico utilizado hace mucho tiempo.

Ayodhya: la ciudad de Rama.

Ayodhya Kanda: el segundo capítulo del Ramayana.

Glosario

B.

Bala Kanda: el primer capítulo del Ramayana.

banyano: árbol gigantesco que suele crecer en la India.

Bhadra: uno de los ministros de Rama.

Bhagavad-gita: el texto básico de la sabiduría india.

Bharadvaja: sabio muy conocido en la India. Fue discípulo de Valmiki.

Bharata: el hermano de Rama, segundo hijo de Dasaratha.

Bhumidevi: la Diosa de la Tierra.

Brahma: el primer ser creado del universo y el más importante de los Devas.

brahmana: clase social de religiosos e intelectuales.

Brihaspati: el maestro espiritual de los Devas.

C.

chakra: el disco. Era un arma en uso en esos días.

Citrakuta: el primer lugar donde Rama fue a pasar los años de exilio.

Cyavana: uno de los sabios más venerados.

D.

Daitya: hijos de Diti. Generalmente eran personas malvadas y materialistas.

Danava: hijos de Danu. Igual que Daitya.

Dandaka: un gran bosque donde Rama conoció a varios Raksasas.

Dasagriva: nombre de nacimiento de Ravana. Significa "diez cuellos".

Dasaratha: el padre de Rama, el rey de Ayodhya.

Deva: seres celestiales que se ocupan de diferentes fenómenos naturales.

Devi: diosa.

Duhsana: hermano de Khara, asesinado por Rama.

Dundubhi: demonio con forma de búfalo asesinado por Vali.

Durvasa: gran sabio de la era védica.

Dvapara-yuga: tercera era de una sucesión de cuatro.

G.

Gandharva: seres celestiales con rasgos atractivos.

Ganges: el río sagrado de la India.

Garuda: el águila-devoto que lleva a Vishnu.

Gautama: gran sabio de la era védica. A menudo se menciona en las escrituras védicas.

ghee: mantequilla clarificada

Gokarna: lugar sagrado de la India.

guru: maestro espiritual.

H.

Hanuman: el devoto puro de Rama en forma de mono.

Heti: uno de los primeros Raksasas de la historia y progenitor de su linaje.

Hema: el Apsara que se casó con Maya Danava y le dio tres hijos.

Himalaya: los picos de la India, donde muchos todavía hoy van a dedicar su vida al ascetismo y la penitencia.

Glosario

I.

Ikshvaku: el hijo de Manu, uno de los primeros reyes de la Tierra.

Indra: el rey de los semidioses y Deva de la lluvia. Su arma favorita es el rayo.

Indrajit: el primer hijo de Ravana.

J.

Janaka: el padre de Sita.

Janasthana: esa parte del bosque Dandaka donde vivían los doce mil Raksasas asesinados por Rama.

Jamadagni: padre de Parasurama.

Jambavan: el rey de los osos, hijo de Brahma.

Jatayu: el devoto puro en forma de buitre que intentó defender a Sita de Ravana.

Jayanta: el hijo de Indra.

K.

Kabandha: el Deva que, habiéndose convertido en Raksasa, le dio preciosas indicaciones a Rama para que encontrara a Sita.

Kaikasi: la madre de Ravana.

Kaikeyi: la madre de Bharata y la esposa de Dasaratha.

Kala: nombre de la personificación del tiempo eterno.

Kalakeya: una raza de demonios.

Kali-yuga: la cuarta de un ciclo de cuatro edades, en la que vivimos actualmente.

Kartavirya Arjuna: el rey de los Haihaya, quien fue asesinado por Parasurama por una afrenta sufrida por su padre.

Kartikeya: el Deva de la guerra.
Kasyapa: uno de los sabios más famosos.
Kausalya: la madre de Rama
Keshari: el padre de Hanuman.
Khara: el primo de Surpanakha y Ravana.
Kiskindha: la ciudad de los Vanaras.
Kiskindha Kanda: el cuarto capítulo del Ramayana.
Koshala: el reino del cual Ayodhya era la capital.
Krauncha: un bosque del sur de la India.
Kshatriya: rey, guerrero.
Kumbhakarna: hermano de Ravana.
Kusha: Uno de los hijos gemelos de Sita y Rama.
Kusha: una hierba sagrada.
Kuvera: el Deva de las riquezas, medio hermano de Ravana.

L.
Lanka: la isla de Ravana.
Lanka Devi: la diosa que protege Lanka.
Laksmana: el hermano de Rama, gemelo de Satrughna.
Lakshmi: la eterna compañera de Vishnu.
Lava: uno de los hijos gemelos de Rama.
Lavana: el demonio que fue asesinado por Satrughna. Su historia se insinúa en Uttara Kanda.
Lomapada: rey amigo de Janaka. Su historia se menciona en Bala Kanda.

Glosario

M.
Madhuvana: el bosque de Sugriva.
Mainaka: la montaña que se ofreció a ayudar a Hanuman durante el salto a Lanka.
Mali: un gran Raksasa asesinado por Vishnu.
Malyavan: hermano mayor de Mali.
Mandodari: la esposa de Ravana, madre de Indrajit.
Manthara: la asistenta que indujo a Kaikeyi a exiliar a Rama.
mantra: vibración sonora recitada o cantada, dotada de algún poder.
Maricha: el hijo de Tataka que tomó la forma del ciervo dorado.
Matali: auriga de Indra.
Maya Danava: la arquitecta de los asuras.
Mayavi: el hijo de Maya Danava asesinado por Vali.
Meghanada: nombre de Indrajit.
Meru: una montaña gigantesca que, según los conocimientos védicos, juega un papel fundamental en la estructura del universo.
Mithi: otro nombre de Janaka.
Mithila: la ciudad donde vivió Sita antes de unirse a Rama.
Mitra: uno de los Devas.
Muni: pensador, autor de una línea de pensamiento original, que habla solo de temas espirituales.

N.
Naga: raza de otros planetas en forma de serpientes.
naga-pasa: el arma que utilizó Indrajit. Eran serpientes que ataban o mataban enemigos.

Nala: el hijo de Visvakarma. Fue él quien construyó el puente.

Nalakuvera: hijo de Kuvera.

Nimi: el hijo de Ikshvaku, rey que vivió en la antigüedad.

Nandi: asistente principal de Shiva que a menudo toma la forma de un toro.

Narmada: río sagrado de la India.

Nikumbhila: el santuario donde Indrajit realizaba sus ceremonias.

Nivata Kavacha: Una población de Asura.

P.

Pancavati: el lugar donde Rama conoció a Surpanakha.

Parasurama: encarnación divina que descendió para destruir a la clase dominante impía.

Parvati: la diosa compañera de Shiva.

Patala: sistema planetario inferior.

Payasa: el jugo divino que los Devas enviaron a Dasaratha.

Prahasta: el general del ejército Raksasa.

Praheti: el primer Raksasa, se retiró a una vida ascética.

puja: ceremonia de honor generalmente dirigida al maestro espiritual.

Pulastya: sabio importante, padre de Visrava.

Purana: literatura de cuentos y sabiduría; son dieciocho.

Puspaka: el carro que pasó de Kuvera a Ravana y que luego fue conquistado por Rama.

Glosario

R.
Rahu: planeta negro que provoca eclipses.
Raja: rey, monarca
Rajasuya: ceremonia védica importante en la que un rey es proclamado emperador.
Raksasa: una raza de seres generalmente malvados y caníbales
Rama: encarnación de Vishnu, el protagonista del Ramayana.
Ramayana: el poema que trata sobre la vida de Rama.
Rambha: Apsara violada por Ravana, por lo que fue maldecido por Nalakuvera.
Rasatala: sistema planetario inferior.
Ravana: el rey de los Raksasas, enemigo de Rama.
Rishabha: el rey santo que revivió a Ayodhya después de un largo período de abandono.
Rishi: sabio, santo, asceta.
Rishyamukha: la colina donde se escondían los Vanaras leales a Sugriva.
Risyasringa: el sabio que celebró el sacrificio de Dasaratha.

S.
Sanat-Kumara: uno de los hijos de Brahma.
Sampati: buitre hermano de Jatayu.
Sarabhanga: el Rishi que ascendió al planeta de Brahma después de conocer a Rama.
Sarama: esposa de Vibhisana.

Sarasvati: la compañera de Brahma, la diosa del conocimiento. También es el nombre de un río sagrado de la India.

Sarayu: río sagrado que fluye cerca de Ayodhya.

Satrughna: hermano menor de Rama, gemelo de Laksmana.

Satya-yuga: la primera de las cuatro eras.

Shiva: uno de los principales Devas.

shloka: expresión poética utilizada en los textos védicos.

Shuka: embajadora de Ravana.

Shukra: el maestro espiritual de los Asuras.

Sita: la encarnación de Lakshmi, compañera eterna de Rama.

Srimad-Bhagavatam: una de las principales escrituras de la sabiduría védica.

Subahu: el Raksasa asesinado por Rama a pedido de Visvamitra.

Sudarshana-chakra: El arma en forma de disco de Vishnu.

shudra: clase social, la de los trabajadores y artesanos.

Sugriva: el rey de los Vanaras.

Sumali: el Raksasa cuya hija dio a luz a Ravana.

Sumantra: ministro y consejero del rey de Ayodhya.

Sumitra: Laksmana y la madre de Satrughna.

Sundara Kanda: quinto capítulo del Ramayana.

Suparna: una raza de hombres pájaros.

Surabhi - la vaca madre.

Surasa: la madre de los nagas.

Surpanakha: hermana de Ravana; incitó a su hermano a secuestrar a Sita.

Glosario

Suvahu: el hijo de Satrughna.

T.

Tataka: una Rakshasi asesinada por Rama.
Treta-yuga: segunda de las cuatro eras.
Trijata: la hechicera que animó a Sita más de una vez.

U

Upanishads: Son ciento ocho obras védicas de naturaleza filosófica.
Ushana: otro nombre de Shukra.
Uttara Kanda: séptimo capítulo del Ramayana.

V.

Vaideha: otro nombre de Janaka.
Vaishravana: hijo de Visrava; otro nombre de Kuvera.
vaishya: clase social de comerciantes y agricultores.
Vali: el rey de los Vanaras, hermano de Sugriva.
Valmiki: el sabio que escribió el Ramayana.
Vanara: una raza de hombres-monos.
Vasistha: sabio famoso y respetado, citado a menudo en la literatura védica.
Varuna: el Deva de las aguas.
vayavya: un arma que provoca un gran desplazamiento de aire.
Vayu: el Deva del viento.
Vedavati: mujer asceta indignada por Ravana. Renació como Sita.
Veda: literalmente significa "conocimiento". Toda esa literatura que trata sobre el conocimiento exhibido por los antiguos sabios indios.

Vedanta: comentario filosófico de los Vedas.
Vibhisana: el virtuoso hermano menor de Ravana.
Vidyujjihva: el marido de Surpanakha.
Vidyujjihva: un mago que vivía en Lanka.
Viradha: Raksasa asesinado por Rama.
Vishnu: expansión eterna de Krishna, la Suprema Personalidad de Dios.
Visrava: el padre de Kuvera y Ravana.
Visvakarma: el arquitecto celestial.
Visvamitra: un famoso sabio de los tiempos védicos.
Vivasvan: el Deva del sol.

Y

yajña — sacrificio, ceremonia.
Yaksha: una raza de seres generalmente dedicados a las prácticas de magia negra.
Yama: el Deva de la muerte.
yoga: las disciplinas de la elevación.
yojana - medida védica. Cada yojana equivale a poco más de doce kilómetros.
Yuddha Kanda: el sexto capítulo del Ramayana.

Glosario

Kadacha Editions
Una mina de conocimiento y sabiduría

La Biblioteca
www.isvara.org

La Librería
www.isvara.org/bookstore

Printed in Great Britain
by Amazon